大夏书系·教育新思考

课堂密码

（第二版）

Ketang Mima

周彬 著

华东师范大学出版社

ECNUP

全国百佳图书出版单位

图书在版编目（CIP）数据

课堂密码/周彬著. —2 版 —上海：华东师范大学
出版社，2011.12
ISBN 978 - 7 - 5617 - 9161 - 5

Ⅰ.①课… Ⅱ.①周… Ⅲ.①课堂教学—教学研究—中小学
Ⅳ.①G632.421

中国版本图书馆 CIP 数据核字（2011）第 255833 号

大夏书系·教育新思考

课堂密码（第二版）

著　者	周　彬	
策划编辑	李永梅	
审读编辑	杨　霞	
装帧设计	奇文云海	
责任印制	殷艳红	

出版发行　华东师范大学出版社
社　址　上海市中山北路 3663 号　邮编 200062
网　址　www. ecnupress. com. cn
电　话　021 - 60821666　　行政传真　021 - 62572105
客服电话　021 - 62865537
邮购电话　021 - 62869887　地址　上海市中山北路 3663 号华东师范大学校内先锋路口
网　店　http：//ecnup. taobao. com/

印 刷 者　三河市龙林印务有限公司
开　本　700×1000　16 开
插　页　1
印　张　14.5
字　数　200 千字
版　次　2012 年 1 月第一版
印　次　2025 年 7 月第二十一次
印　数　69 001 - 70 000
书　号　ISBN 978 - 7 - 5617 - 9161 - 5/G · 5465
定　价　45.00 元

出 版 人　朱杰人

（如发现本版图书有印订质量问题，请寄回本社市场部调换或电话 021 - 62865537 联系）

目　录

序　改造课堂待有方

一直关心课堂，但更关心课堂中的教师。尽管教师在课堂中越发努力，但学生的学习成绩不见提高，学习兴趣却与日俱减，这样的事实的确让人痛心不已。走出教室，公开课在不断地造就"名师"，说课、听课、评课成为评价教师的基本条件，课堂观察与课堂分析是教研活动的主流。可这些活动似乎并没有改变日常课堂的沉闷与低效。看来要改变课堂的现状，不仅需要一线教师在课堂中不断努力，更需要一线教师和关注课堂的人，对课堂教学本身有更为深刻的理解，对课堂教学的发展方向有更为明晰的把握。

莫把课堂只当课堂。有一位语文教师，个人的文学素养极高，从古典小说到流行的网络文学，他都很有研究，他的课堂也颇能给人清新的感觉，但学生的语文成绩就是不见提高。校长找他谈话时，他义正词严地说：除了考试成绩不行，你说我还有什么不足之处？校长无言以对。在我听完这位教师的课后，很快就明白了个中原因：这位教师把课堂当作自己研究成果与才华的秀场，课堂中多的是自己对文学的理解，而少了对学生文学素养的提升。很多学生走出课堂时对这位教师都佩服不已，但对自己学到了什么却闭口不谈。还有一种情况也极为普遍，就是教师认为自己每个知识点都教了，当时学生也学会了，但就是考不好。为什么会出现这种情况呢？原因在于教师只关注每堂课教学目标的达成，而对于学科知识的整体结构与逻辑却视若不见。这就好比使学生拥有了一堆砖，学生却不得不忍受无屋可居的痛苦。是故，课堂教学是一个过程，它是为教育目标的达成而存在的。所以课堂的有效性是判定课堂品质的第一要素，学生不仅要学得好，还要考得好。

莫把课堂只当教学。"书山有路勤为径，学海无涯苦作舟"，这曾是我们上高中时贴在黑板上的励志语。过了这么多年，我还是挺感激这句话的，不管有多苦，至少让自己走到了今天，算不上成功，但也不算失败。可是，当我为自己庆幸之时，却不得不为我的同学们叫声委屈了。他们在学习过程中没有体会到幸福，在学习结果上更是碰壁不断，而且最终以痛恨知识和痛恨学习的心态离开了学校。难道课堂中就只有教学与学习吗？难道教师在课堂中可以完全忽视学生除求知欲之外的其他需求吗？如果在课堂中教师可以忽略学生作为人的存在，那么学生也有理由不把教师当作一个人来看待，这样的课堂还能够有效地传承知识吗？你可以把学生强制性地留在课堂中，但除了激发他的兴趣，你无法让他主动地听课。当然，学生有了兴趣，也并不一定就能够取得成功。但要取得好成绩，就一定得让他对教师的课有兴趣。

莫让课堂止于安静。曾经听过一位校长对新教师训话：不管你用什么教学方法、什么组织形式，至少要管得住学生，如果连学生都管不住，那就不要谈教学有效与否了。新教师辩解道：我只是想让课堂变得活泼一点，不想让学生在死气沉沉中学习。校长听了辩解后更生气：这么乱糟糟的课堂还学什么呀！在旁观者看来，课堂肯定是越安静越好，可是对课堂参与者来说，安静可能是对学习激情最大的抑制。课堂的动与静本身，并不是评价课堂的标准，而是要看它们是否有助于教学目标的达成。因此，对课堂动与静的调控，需要教师对教学内容、教学方法与教学过程进行智慧的设计，而不能仅依靠其个人权威。学生正处于好动的年龄，要让他们根据教学过程的进展动静有序，这对教师管理能力的要求就高了，而这可能并不是教师们的强项，教师虽掌握了不少学科知识，但对管理知识了解得并不多。

以学生为师。都是教师在教学生，哪有学生教教师的呢？的确，教师天天都在教学生，把自己的知识无私地传授给学生，可是，学生又何尝不在教教师呢？是学生让教师明白了该如何应付调皮的学生，该如何纠正学生的错误，该如何调动学生的学习积极性。教师教会了学生学科知识，学生则教会了教师学科教学。学生以教师为师，就会主动而全面地了解教师，就会关心教师的言行举止，就会四处打听与教师有关的小道消息，就会把教师的喜怒哀乐放在心里。可是，教师对学生的了解有多少，除了他们的学科成绩与学习状态？因此，只有我们以学生为师，我们才会主动走到学生的生活中去。只有走到他们的生活中去，才可能走到他们的心灵中去。在学生的心灵中教书，既愉快又富有成就感。

以同事的课堂为友。要以同事的课堂为友，而不是以同事为友。这样的观点是不是不以人为本呢？以同事为友，并不一定会以同事的课堂为友。相熟的同事在一起，有几个人会探讨课堂教学呢？更不要说相互评点课堂中的优点与缺点了，更多的时候是相互掩盖课堂中的不足。曾经碰到过这样一位数学教师，他认为，要让别人不挑自己课堂教学的毛病，前提是自己不挑别人的毛病，而且还要主动讲别人的好话。如此一来，他在学校的确过着无人挑毛病的生活，但他的专业水平似乎始终不见长进。其实，以同事的课堂为友，有两大好处：一是教师会尊重同事的劳动成果，更乐意向同事的课堂学习，这在心理上比向同事学习更容易让人接受；二是教师不是把听课、评课当作一项任务，而是希望通过课堂交流能够提高自己的课堂教学水平。

走近课堂。既不远离课堂，也不走进课堂，才发现课堂远没有我们想象中的那么简单。我们需要成绩，但却不能从学生身上抢成绩；我们需要趣味，但却不能偏离学科来讨好学生；我们需要有序，但却不能用权力和体力去管制学生。当我们不再用要什么就取什么，看不惯什么就改什么的心态来行事，而是尊重学生，尤其是学生的生活，尊重同事，尤其是同事的课堂时，才可能在有序的课堂中获得乐趣，在有趣的课堂中获得成绩。希望这本书能够让大家的课堂变得更有趣一点、更有效一点。

修订版序　我们如何激活课堂

　　《课堂密码》自 2009 年出版以来，已经第七次印刷了；但随着她被印刷的次数越多，自己就越发疑惑起来：课堂教学是不是真的有密码存在？究竟什么是课堂密码？这本书是不是真的告诉了读者什么是课堂密码？说实在话，要回答这几个问题是非常艰难的，也是需要勇气的。

　　课堂教学是科学也是艺术，但不管我们是在研究课堂教学，还是在实践课堂教学，基本上都是把它视为艺术来操作的。在现实生活中，那些把课上好了的教师，他们身上总会被披上一些神秘的光环，人们要么认为这是他们的天赋使然，要么认为这是他们的境界使然，总之一句话，他们的成功是无法学会的。《课堂密码》就是想达到一个目的，那就是让大家尽其所能地用科学的眼光来审视课堂教学，因为只有科学化的课堂教学，才可能被我们深入研究，我们才可能根据研究成果，改造自己和他人的课堂；而那些艺术化的课堂教学，虽然会让我们很兴奋、很激动、很崇拜，但并不会对我们的课堂产生实质性的影响。因此，真正的课堂密码，并不是可以启动核爆炸的按钮，也不是可以打开保险柜的密钥，而是一种对待课堂教学的科学观念和思维方法。

　　艺术化的课堂教学，往往把课堂教学视为一个不可分化的整体，只能让我们欣赏它的完整性和艺术性。而科学化的课堂教学，总是要把课堂教学拆成若干部分，在我们把这些部分理解之后，再把它们组装起来。因此，科学化的课堂教学，总是在拆了又装，装了又拆的过程中，变得越来越科学。

正是沿着这样的思路,本书致力于对课堂教学的结构进行分析。一堂好的课,一定是有效的、有趣的和有序的,可是如果我们用这三个标准去要求教师,就势必会让绝大多数教师退出课堂,因此,我们只能先把课堂拆分开,分别看这三个标准要如何实现。当我们对这三个标准如何实现都有相对成熟的思考时,我们的课堂自然就越来越走近一堂好课的目标了。课堂教学中最重要的是学生和教师,如果我们一味地要求学生顺应教师,或者要求教师顺应学生,那么,再高明的顺应也不可能达到教育的本质。那么,如何在理解学生的基础上搞好教学? 如何在理解教师的基础上搞好学习? 只有有了师生的共赢,才会真正让我们看到教育的本色。

借出版社允许并支持我对《课堂密码》进行修订的机会,我利用后期的研究成果,充实了原书的内容,并且将《课堂密码》(第二版)、《叩问课堂》(第二版)和《课堂方法》三书的内容作了系统的调整。在三本书中,《叩问课堂》(第二版)立意于对课堂进行多方位的、系统性的思考,从而让我们能够更好地理解课堂教学;《课堂密码》(第二版)立意于对课堂的结构与效率进行分析,从而让我们能够更好地激活课堂;《课堂方法》立意于对不同教学阶段使用方法的思考与安排,从而让我们能够更好地建构课堂。在《课堂密码》(第二版)这本书中,特别体现了如何结构化地设计课堂,从而使课堂教学效率最大化的思想。我想,对这三本书的调整,也是希望有一个结构化的安排,从而让我们对课堂教学的研究能够有所深化。

是为序。

第一辑　打造"有效课堂"

1. 课堂因"联合"而"有效"

　　什么样的课才是一堂好课？这是大家一直追问的问题，但却很可能是一个假问题。如果每堂课都差，或者大多数课都差，那么，这位老师的教学一定是没有效率的。然而，没有效率的教学并不只包括这一种情况，那些大多数课堂都很精彩的老师，也不一定能够为学生提供有效率的教学。因此，把课上好是有必要的，但只是把课上好却是远远不够的。真正有效率的教学，不但要求教师上好课，更要求教师有把课堂联合起来的能力。而且，当老师的课堂联合能力很强时，即使不是每堂课都很精彩，也同样能够为学生提供有效率的教学。写这一段文字，主要是想说明一个在生活中非常简单的道理，那就是劣质珍珠或者假珍珠是串不成好项链的，但再优质的珍珠如果不串起来，却连项链都不是，就更别说是好项链了。

一、一堂课的思维陷阱：孤树终难成林

　　给予一堂课以更多的重视，即使没有在教育成效上取得多大进步，起码也能够换来道义上的好感。当我们执著于一堂课怎么上好时，总会得到"这人比较实在"的赞扬；但如果有人问我们这门学科应该如何教，或者这学期的课如何上更好，那么，我们就会因为回答不具体或过于抽象而不被他人接受。在教育领域，大家谈的理论实在太多，而理论对实践的指导力又

实在太小，所以，大家对于这些远离具体课堂的理论都不感兴趣，也没有多大好感。可是，当我们总是就一堂课而谈一堂课时，一堂课就会变得没有目的，也没有标准，真正变成了一种行为艺术，当前教学效果不明显但教学艺术与教学流派纷呈就是一种印证。不应该抽象地谈课堂教学的问题，绝不等同于不应该更长远地看待课堂教学问题。孤树终难成林，而森林里往往什么树都有；每棵树都成一片风景的是公园，而不是大自然造就的树林。当我们从整个学科教学来看时，当我们从学生全面发展来看时，才有可能更加公正、更加科学和更加有效地审视具体的课堂教学。

《基础教育课程改革纲要（试行）》提出了课堂教学的三维目标——知识与技能，方法与过程，情感、态度与价值观。于是，在教师的课堂教学目标中，就出现了这堂课的知识与技能的目标是什么，方法与过程的目标是什么，情感、态度与价值观的目标是什么。我们静下心来想一想，就会觉得这样简单的一一对应，的确让人啼笑皆非。一堂课，如果说有知识与技能的目标，那还勉强说得过去。之所以说勉强说得过去，是因为要真正解决某个知识与技能问题，一堂课是远远不够的。至于这堂课还要完成方法与过程的目标，就难以自圆其说了，就这么三十五到四十五分钟的时间，就能够把某种方法或者整个过程掌握好？应该没有这么容易吧！至于要在一堂课上实现学生在情感、态度与价值观上的转变，这恐怕是一个望尘莫及的目标吧。如果人的情感、态度与价值观能够这么容易地就被改变，那么，我们又如何能够保证下课后学生们的情感、态度与价值观不被改变回去呢？

课堂教学是一个实践领域，所以呈现出来的风格与派别也精彩纷呈。先教后学也好，先学后教也好；以生为本也好，以师为本也好；育人也好，育分也好，在理论上都有一定的道理。先教后学，可以节约学生的学习时间；先学后教，可以更好地发挥学生的主动性。以生为本，这自然是课堂教学的主旋律，毕竟教是为了不教；以师为本，这也没有什么过错，当老师要面对几十位学生的时候，老师能够把想教的教好就已经很不容易了。育人自然是对的，可是学生的能力全面发展了，很自然地就会让他这个年龄最应该发展的学习能力被削弱了；育分也是对的，可是只育分也不对，如果过分地关注育分，甚至以牺牲学生的可持续发展为代价，那么，育分还有什么意义呢？这是理论上的论述，它对课堂教学又有什么意义呢？

当从 A 地到 B 地只有十米的时候，我们讨论应该是跑过去还是跳过去，应该是先迈左脚还是先迈右脚，应该是穿耐克的运动鞋跑还是穿李宁的运动鞋跑，您觉得有意义吗？

可是，如果学生要走的路不是十米，而是一万米，甚至十万米，那么，对每一步慎重考虑就显得异常重要了，否则，可能就会"失之毫厘，谬以千里"。通过一堂课，是很难区分一个教师的课是以生为本还是以师为本的。学生参与讨论就是以生为本吗？教师满堂灌就是以师为本吗？这样的判断是不是过于肤浅了呢？关键还是得看学生参与讨论与教师满堂灌在整个学科教学中的比例如何、在整个学科中的定位如何。如果教师没有准备好教学内容，或者没有很好地引领学生讨论话题，那么，学生参与讨论也是典型的以师为本；如果老师觉得某些知识点非得自己来讲不可，那么，这样的满堂灌也是以生为本。因此，以生为本和以师为本并不能以具体的行为作为判断依据，而要看整个学期教学、整个学科教学中表现出来的过程与目标究竟有利于谁。

二、课堂教学的"纵向串联"

万丈高楼从地起，再高的楼，也得一层一层地建起来。同样的道理，再深的学问，也得一个知识点一个知识点地学习。虽然在教育心理学中，有的学派提倡"顿悟"的重要性，可哪怕是顿悟，也是一点儿一点儿悟出来的，要想天天睡觉然后突然就把一个学科悟出来，这恐怕只是一个幻想而已。为了让学生掌握学科知识，教师往往把学科知识拆成一个一个的知识点来教。可一旦把学科知识拆成了若干个知识点，就为学科教学带来了三个问题：一是拆分后的若干个知识点是不是已经涵盖了整个学科知识；二是学生学习的每个学科知识点的难易程度是不是相当的；三是学生应该如何把自己掌握的知识点还原为完整的系统化的学科结构。

就像一块大石头被敲碎成若干块小石头，把学科知识拆分成若干个知识点，就注定了有些知识点会被忽略掉，有些要素会被浪费。对于石头，由于肉眼可以观察得到，被浪费的只是一些碎末；而被忽略的知识点有可能是一些碎末，也有可能是教师没有理解或者没有重视的知识点，然而，这些知识点并不会因为被忽略就不重要。虽然教师必须把学科知识拆成知识点来教，但如果他认为靠一己之力就可以把学科知识教好，那实在是过于自信了。学生的学习不但要坚持学生的主体性，还要依靠同学间的相互补充与帮助。当学生完全以教师提供的学科知识点为学习内容时，那些被教师忽略的知识点就会产生不小的阻碍作用。由于教师曾经系统地学习过学科知识，忽略这些知识点可能不会影响他对整个学科知识的理解，但对于学生来说，这很可能就是一个难以跨越的鸿沟。

把系统化的学科知识拆成若干个知识点，每个知识点就都拥有独立性和重要性。可是，在这么多的知识点中，哪些知识点才是真正重要的呢？哪些知识点是不怎么重要的呢？在离开学科标准后，要判断单一知识点重要与否自然很难。在这种情况下，教师有两种选择：一是站在学科的高度来审视学科知识点，挑重避轻地开展学科知识点的教学，通过自己对学科知识系统性的把握，来减轻学生的学习负担，同时提高学生的学习效率；二是把每个知识点都当重点来教，这也是大家现在惯常的做法，既然不知道哪个知识点是重点，那就把每个知识点都当重点，这样总不会出问题。于是，出现了每节课两个重点，一个星期十几个重点，一个学期一两百个重点的教学现状。可是，把每个知识点都当重点教就没有问题了吗？这样的教学方式反而有可能造成更大的问题，那就是学生不但不能很好地掌握学科知识，还会丧失学习兴趣。对学生来说，每节课掌握两个重点肯定没有问题，但随着学习的深入，越来越多的重点呈现在学生面前，在重点和非重点不分的情况下，有几个学生能够掌握好学科知识？在每个知识点都是重点的情况下，学生的学习压力与学习投入都会非常大，在投入大而产出小的情况下，学生还会有兴趣继续学下去吗？

为了教学，教师不得不把学科知识拆分成若干个知识点；为了学习，学生不得不把拆分开的若干个知识点还原为系统化的学科知识。在教师把每个知识点都当重点教完之后，学生又如何把每一个都是重点的知识点还原为系统化的学科知识呢？把系统化的学科知识拆分成若干个知识点，究竟如何拆，拆完后如何有重点地教，这依靠教师的教学智慧；在学生掌握了这些知识点之后，如何把它们还原为系统化的学科知识，一方面需要得到老师的指点，另一方面，学生自己要有足够的时间和足够的能力，后者比前者重要得多。可惜，今天大多数学生对教师教学过度依赖，既没有自主的时间，也没有系统整合的能力。

三、课堂教学的"横向并联"

让每堂课都有效，这似乎成了一个金字招牌，也成了实践中牢不可破的教育理想。可当我们用实实在在的眼光来审视它时，就会觉得让每堂课都有效只不过是一个幻想。如果学生每天只上一节课，或者只是上午上一节课下午再上一节课，那么让每节课都有效还是有可能的；但今天的学生远没有一天只上一节课或者两节课这么幸福，每天上六到八节课已经成为一种学习常态。而且，每天的六到八节课并不是由一个学科，而是由好几个学科的老师来讲授。因此，要让学生每天的学习都有效，势必要注意到这六到八节课之间的关系。每个人每天能够聚精会神的时间是有限的，每个人每天能够安静地坐下来学习思考的时间也是有限的，究竟应该在哪些时间聚精会神，哪些时间安静思考，这是学校在排课时要考虑的。如果只是一味地抱怨或者指责学生上课不认真，上课不思考，这是不是有点强人所难呢？在今天的课时安排中，让学生动起来的课越来越少，让学生静下去的课越来越多了；让教师讲的课越来越多，让学生自主学习的课越来越少了。

可是，动与静是相辅相成的，听与思也是相辅相成的，当我们缺少对不同学科与不同类型课时的统筹考虑时，每位学科老师都认认真真地上课，并且都以让每堂课都有效为标准，这肯定不是过错；上课时每位学生都不由自主地打瞌睡，都不假思索地听课，这也不应该算是过错，因为这是人的本能。因此，该让学生动起来的课就不能安排成让学生安静的课，该让学生自主思考的课就不能安排成教师上课，该安排语文课就不能安排成数学课，这样的思考并不是教育理念的问题，而是对人的本能的尊重。

与其说让每堂课都有效，还不如说让学生每一天的学习都有效；与其说让学生每一天的学习都有效，还不如说让学生整个学期都有效。我们对每一堂课都有效已经有了比较全面的了解，对每一天的学习都有效在上文中也有比较清晰的说明，可要让学生整个学期都有效就让我们糊涂起来了。什么是整个学期都有效呢？不需要去追求更长远与更根本的素质与能力的提升，学业成绩的提高应该就算得上是一个相对客观的指标，但需要强调的是，学业成绩在这儿并不是指单一学科的成绩，而是指这个学生在学校安排的所有课程上获得的总成绩。要提高学生的总成绩，最简单的逻辑就是把每一个学科的成绩都提高，这样总成绩就会提高。之所以说这个逻辑是最简单的，是因为它相对于事实来说是过于简单了。在今天的学校教育中，是一位教师教几十位学生，是一位学生被几位教师教，当每位教师都想使同一位学生获得更好的成绩时，往往会导致意想不到的结果，那就是学生会因为教师们的"围攻"而高挂"免战牌"，反而在学习的征程上采取各种各样的偷懒方法，其中最常见的就是完全听命于教师的"指使"。于是，就出现了教师教什么学生就学什么，教师怎么教学生就怎么学的局面，这样表面上看来学生分外认真，实际上却是一种很隐蔽的偷懒，因为学生不但不需要投入智力，而且可以不对自己的学习过程和学习成绩承担责任。

不管是为了学生一天的高效率学习，还是为了稍加长远的一学期的高效率学习，学科教师都要意识到，虽然他们教的是不同的学科，但却是几位教师同时在教一群学生，这样的事实注定不同学科教师需要把各自的课堂并联起来，才可能真正地实现促进学生有效率地成长、全面地成长的教育目标。然而，这样的目标并不是靠单个教师的努力就可以达到的，它需要大家有共同协作的意识，更重要的是要有将这种协作意识付诸实践的勇气和做法。在教育实践中，很多问题都有明显的解决办法，但这些问题却总是无法解决，就是因为它们的解决需要大家共同的努力。而要真正让教同一群学生的不同学科的教师们合作起来，既需要他们意识到合作对于学生成长的重要性，还需要学校相关的政策与制度能够引导和保障集体协作行为的发生。

2. 学得好，还要考得好

在生活中，大家都有这样的感受：当你越是需要某件东西时，你越难把它找出来。每次当我为找不到所需东西而气急败坏的时候，爱人总会在旁边"教育"我：你在放这些东西的时候想过怎么可以把它们找出来吗？是呀，在我们放东西的时候，只是想着把它给"摆平"就行，这样在你需要它的时候，它又怎么可能会主动跳出来呢！这和我们的学习是多么相似呀！在平时的学习中，不管我们用什么方法，也不管我们用什么逻辑来掌握学科知识，似乎只要记住了或者储存好了学科知识就万事大吉了。可是，当我们身处考场时，储存得好好的学科知识，不但不会主动跳出来，即使我们费力去寻找，也不见得能找到。此时，是怪这些学科知识不帮我们，还是怪我们在学习与储存学科知识时，没有为日后提取与使用它们而考虑呢？

一、从"知识储存"向"知识提取"的转变

在考试前，教师与学生都过着既紧张又忙碌的日子，而且试图用忙碌来麻痹自己的神经，减轻紧张感。教师生怕还有什么知识点没有讲给学生听，学生生怕还有什么知识点没有掌握，大家都在过着查漏补缺的生活。教师希望学生能够在考前百分之百地掌握知识点，学生自己也是如此。可是，

教师与学生呈现出来的疲态、显现出来的茫然，很难让人相信这支疲惫之师能够在高考或中考中取得良好的成绩。

试想以下两种情况：一、学生掌握的知识点占应该掌握知识点的70%，通过最近两三个月师生共同查漏补缺，将这个比例提高到90%，而学生在考试中能将所掌握知识点的60%提取出来；二、在最近两三个月中，师生并不是对知识点进行查漏补缺，而是将对知识点的提取比例提高到80%。如果学生只掌握了70%的知识点，但能够提取其中的80%，那么学生的得分为56；如果学生掌握了90%，但只能提取其中的60%，那么学生的得分仅为54。两相比较，我们发现，在学生前期的学习中，储存知识的能力肯定比提取知识的能力更重要；但在后期的学习中，提取知识的能力就显得更有价值了。当然，只是根据学习的阶段来区分知识的储存与提取哪个更有价值，既不科学也不全面，因为不管是知识的储存还是知识的提取，都是贯穿于学习、教学的整个过程的。

在传统的教学思想中，知识的内化被看成是富有道德的教学模式，它着力于用学来的知识优化自己的道德品性，提高自己的人文素养；而知识的提取被看成是功利化的学习，它着力于向别人显示自己学到了多少知识，希望能换来更多的利益与更高的权位。这种传统思想，有其深厚的历史渊源。在所有的阶级社会中，学习知识的人都是统治阶级与剥削阶级，他们学习知识并不是为了搞好生产，而是为了炫耀自己，所以，他们习惯于把这种教育称为博雅教育。与之相反，如果谁用知识去搞生产，知识就产生了负功能，反倒让统治阶级与剥削阶级变成了被统治阶级与被剥削阶级。但是，随着知识的炫耀功能（为了证明自己有知识而掌握知识）逐渐走弱，其经济功能（为了提高生产力而掌握知识）逐渐走强，在斯宾塞提出"什么知识最有价值"的问题之后，知识的炫耀功能逐渐让位于经济功能，于是知识提取的重要性得以显现。同时，个体社会地位的获得也由世袭转向竞争，学习的功能自然从知识内化转向了知识竞争，而此时知识竞争不再是储存量的竞争，而是知识提取量的竞争。

二、"知识提取"对"知识储存"的工具功能

没有知识的储存，哪有知识的提取？这是每个人都明白的道理。但同样明显的是，有了储存的知识，并不必然会获得知识的提取。在学科教学中，让学生储存知识的方法是多种多样的，可以让学生死记硬背、机械操练，也可以让学生理解记忆、融会贯通。但是，既要让学生储存知识，又要保证学生有效地提取知识，这样的教学方法并不多见，而且对教师的要求也很高。不难发现，在教育教学工作中，知识储存过程中运用的方法越是简单，学生的知识提取就越是困难；逻辑越是清晰，学生提取知识就越是容易。

在学科教学中，教师们最感困惑的是，上课时学生似乎都懂了，可做作业时却又不会了；更有甚者，学生做作业时都会了，可一上考场却又败下阵来。若把学习分为知识储存与知识提取两个阶段，教师们对此就不会再困惑了。学生上课听懂了，表明他把你讲的知识储存进去了，可是做作业并不是检测他储存进了多少知识，而是检测他能够提取出多少知识，这就回应了"没有知识的储存肯定没有知识的提取，但有了知识的储存并不必然会获得知识的提取"这一说法。同样，学生会做作业，表明学生在做作业这种环境中是能够提取知识的；可是，当学生上了考场时，因提取知识的环境变化了，学生也有可能无法提取出他在另一种环境中可以提取出的知识。这向教师提出了更大的挑战：教师不但要让学生学会储存知识，还要让学生学会提取知识；不但要让学生学会在做作业时提取知识，还要让学生学会在考试中提取知识。

教师可能会问：在学科教学中，是不是既要教给学生储存知识的方法，又要教给学生提取知识的方法呢？这个问题并不科学，因为学科教学的目标是，既要教会学生储存学科知识，又要使得学生在需要的时候能够提取学科知识。但是，在学科教学的过程中，教学生储存知识的方法和教学生提取知识的方法并没有融为一体，可以说，这两种方法在学科教学中被分离得越远，实现既要储存知识又要提取知识的教学结果就越渺茫。把储存

知识与提取知识当作学习的两个阶段，不但会浪费学生的学习时间，而且会极大地降低学习效率。因为最有效的储存知识的方法往往与知识提取的效率相背离，比如机械记忆；而最有效的提取知识的方法又往往与知识储存的效率相背离，比如融会贯通。

要提高学生的学习效率，既不能简单地提高学生储存知识的效率，也不能简单地提高学生提取知识的效率，而要对储存知识与提取知识加以综合考虑，尤其是要将提取知识的方法与策略，融入学生原有的储存知识的方法与策略之中，从而提高学生整体的学习有效性。从有利于学生提取学科知识的角度，来审视学生储存学科知识的方法，不管是对教师还是对学生都提出了更高的要求。比如，在学生背诵课文的时候，不但要考虑如何才能让学生记得住，还得考虑如何才能让他们背得出；不但要考虑在课文教学时背得出，还得考虑在一段时间后的考试中也背得出。这就要求教师与学生在储存学科知识时逻辑要非常清晰，既能让学生理解学科知识，又能让他们提取出来的学科知识为他人所理解，还要求教师与学生能够不断地把新旧知识融会贯通，这样才能够确保学生在储存新知识的同时，还能够不忘记旧知识。

三、为了"知识提取"的"知识储存"

教师在学科教学过程中，不仅仅要有让学生储存学科知识的意识，还要有让学生更好更快地提取学科知识的意识。在现实意义上，不管学生储存了多少学科知识，如果在考试中提取不出来，那么学生掌握学科知识的价值就会大打折扣。在教育意义上，学生学习的成就感并不在于他储存了多少学科知识，而在于他能够提取出多少学科知识。如果没有辛勤的储存，也没有有效的提取，那么学生倒是觉得心安理得；而真正让学生懊恼的，是有了辛苦的储存，但却得不到有效的提取。

知识对学生内在修养的形成的确有着不可替代的作用。知识在很多时候就是高素质的代名词，学生都是社会人，他的修养与素质必须与社会的要求保持一致，甚至要以社会的要求为标准来培养与形成自己的修养与素质。这就意味着学生不但要通过学科知识来形成与提高自己的修养，还要通过提取出来的学科知识证明自己的能力与素质。如果学生长期做着储存学科知识的工作，却看不到提取学科知识的乐趣，或者他提取学科知识的能力与效率总是得不到外在的鼓励与赞扬，他势必就会放弃学科知识的储存工作。

当我们明确了知识提取是知识储存的目的之一时，也就明确了教师与学生在教育中的分工。在学科知识的储存过程中，教师与学生都起着非常重要的作用，但对于处于无知状态的学生而言，教师的主导作用似乎更甚于学生的主体作用。但在学科知识的提取过程中，教师只能在教学方法上对学生给予帮助，学生既发挥着主体作用，又主导了整个提取过程。是故，当我们强调知识提取在教育结果上的价值时，既强化了教师帮助学生储存知识、提取知识的责任，又强化了学生提取学科知识的责任。

在班级授课制中，学生学习并不是一个自我封闭的系统，而是一个学习互动的开放系统。个别教学有利于知识储存，但班级授课制却有利于知识提取。在当前的学科教学中，如果只是关注知识储存，那么学生学习越是独立越好，这样可以极大地避免别人的干扰，对于学习优秀的学生来说更是如此。但是，当我们把知识提取视为学科教学的目的时，学生间的互动就成为锻炼知识提取的最好方式。正如杜威所言，"一个人分享别人所想到的和所达到的东西，他自己的态度也就或多或少有所改变。传递的人也不是不受影响……要沟通经验，必须形成经验；要形成经验，就要身处经验之外，像另一个人那样来看这个经验，考虑和另一个人的生活有什么联系点，以便把经验搞成这样的形式，使他能理解经验的意义"；一个缺少与人交流的学生，他就无法站在学科知识之外来整合与提取学科知识，"一个在身体和精神两方面真正单独生活的人，很少有机会或者没有机会去反省他过去的经验，抽取经验的精义"。因此，重视学科知识的提取，在于强化学生的学习责任，更在于促使学生在学习环境中进行互动并承担更多的社会责任，这是为了别人，更是为了自己。

3. 为何教师总是忙而无功

有的人一生都很忙，也显得很聪明，但最终却一事无成；有的人一生过得悠然自得，也显得很平实，却还能成上几事。曾经问一位教师：你们工作忙不忙？回答：忙得不得了。再问：每天都在忙什么呢？答：知道忙什么就不忙了。追问：能否举个例子来说明怎么忙？答：不要说举一个例子，举十个例子都有。简短的对话，让我明白了教师的工作特征，就是每天做了十件事，每件事都很努力，但往往一件事都没有做好。这就给我带来了疑问：教师每天都上课，每堂课都很努力，也很投入，但这么多的课加起来是否就是学科教学呢？教师都在开展学科教学，每位教师都很努力，也很投入，但这么多的学科教学加起来是否就是学校教育呢？

一、深陷课堂教学的"忙碌之井"

在时间管理上有一个非常经典的故事。现在给你一只桶，让你把细沙、沙砾和石块装进桶里，目标是装得越多越好。有两种装法：一种是先装细沙，再装沙砾，最后装石块；另一种是先装石块，再往石块的缝隙处填沙砾，最后向桶里倒细沙。第一种装法自然是只能装细沙，于是石块被打碎为沙砾，沙砾又风化为细沙，于是有着装不完的细沙；第二种装法总是能够把石块装些进去，还能够有效地把沙砾和细沙一起装入。这就告诉我们，在分配有限的时间时，不但要看到眼前的事，还要看到那些虽然离我们较远，但对我们影响甚大的事。虽然这些事不会对我们产生直接的影响，但对我们后续的影响却是无限的。当然，很多人会为自己选择第一种装法辩护：我沙都装不完怎么可能去装石块呢？这就等于说，我们穷得连房子都买不起，哪有钱投资呢？我们每天课都上不完，哪有时间看书呢？很少有人会想到，在今天这个时代，一个不投资的人自然是买不起房的；一个不再看书的人，必然会在每堂课中都处于挣扎状态。

对待课堂，现在最响亮的口号就是"提高课堂45分钟的教学效率"。正是这句话，成为不少教师不懈努力的动机，成为学校管理者推动课堂改革的目的。可是，当我们静下心来看这句话的时候，其实它并没有我们听着的那么响亮，也没有想着的那么激动人心，反倒让人担忧——当每位教师都在为提高课堂45分钟的教学效率而努力的时候，会不会因此而忽略了学科教学的整体性呢？也有一种逻辑，那就是每堂课都上好了，难道学科教学还搞不好吗？如果每个学科都教好了，难道教育教学还搞不好吗？这个逻辑看起来是美丽的，实际上却让我们离目标越来越远。要搞好教育教学，就意味着每个学科教学都要非常成功。让一个学科教学成功是非常容易的，但要让每个学科都成功就非常困难了。要搞好学科教学，就意味着每堂课都要非常成功。同样的道理，要上好一堂课是非常容易的，但要每堂课都上好却是非常困难的。

是不是每堂课都上好了，学科教学就肯定搞好了呢？如果课堂之间是割裂的，而且每堂课还都很精彩，那么学生反而会因过度的课堂刺激而丧失对学科教学的整体把握；如果课堂之间是有机整合的，哪怕有些课堂略有缺陷，也不失整个课堂教学的有效性。我想这个道理大家都明白，也是非常容易理解与接受的。可是，在现实的课堂教学中，有多少教师能够跳出单一的课堂教学来整体规划整个学科教学呢？之所以出现这种理念与实践相脱离的现象，可能是因为对课堂教学的把握相对容易，对学科教学的把握相对困难的缘故。而且，虽然课堂教学能力与学科教学能力有相通之处，但真正决定课堂教学效率与学科教学效率高低的则是它们的相异之处。所以，从课堂教学能力向学科教学能力的转变，需要课堂教学经验在量上的积累，但更需要教师学科教学能力在质上的突变。前者需要教师潜入课堂教学之中，后者需要教师跳出课堂教学。问题在于，在你真正地潜入课堂教学之中后，再要跳出来就非常困难了。

二、踏上学科教学的"理性之路"

我们行走时若只是盯着脚下的路，虽然每一步都走得稳健，但离最终的目标往往相去甚远。我们在学车时，师傅总是要求我们用眼睛盯着前方的路，说只要盯准了前方的目标，即使偶尔有小的偏差也不会影响你的整个驾驶质量。生活的道理与教育的道理，虽然有许多相异的地方，但相似之处似乎更多。笔者上初中的时候，曾经问当教师的舅舅，可以用什么标准来评价自己有没有把一本书给学会。舅舅说，当你看书的封面时能够把目录写出来，那你就掌握这本书的40%了；当你看目录时能够把书中的要点写出来，那你就掌握这本书的60%了；当你看着知识要点时能够把细节想起来，那你就掌握这本书的80%了；如果你还能够把这本书的知识进行重组并灵活应用，那你就掌握这本书的90%以上了。表面上舅舅只是回答了如何检测学习成效的问题，但我却从舅舅的回答中领悟到了学习的道理，在学习与储存知识点时要"盯着脚下的路"，但在总结与提取学科知识时要"盯着前方的路"。

学科教学的困惑在于，为了让学生掌握学科知识，就必须将学科知识肢解成学科知识点，让学生逐点学习与掌握。可是在学生逐步学习与掌握的过程中，越是仔细、越是投入的学生，就越难返身整理与总结学科知识。也就是说，在学生掌握学科知识的过程中，既要培养学生分析学科知识的能力，又要培养学生综合学科知识的能力，可分析能力与综合能力本来就是一对矛盾。如果学生分析能力很强，就会对分析能力形成依赖，当我们要求他从学科知识点中走出来综合学科知识时，他就会觉得比较困难。其实很多教师自己也有这种体会，在刚拿到教材时，或者在学期初，都会站在学科知识的角度进行教学设计。到了学期中，就会发现自己已经身不由己地琢磨学科知识点的问题了，而很少对学科知识"思前虑后"。一直到学期快结束时，才又回到学科知识层面思考问题，可这时已经没有"后悔药"可吃了。

　　站在学科教学的角度看，分析能力与综合能力都是不可缺少的，但就当前学科学习的现状来看，培养学生的综合能力似乎更为重要。其实，不管是教师在将学科知识肢解为学科知识点的时候，还是学生将已经掌握的学科知识点综合为学科知识的时候，综合能力都至关重要。但是分析能力更为基础，而且易于培养，从一个知识点到另一个知识点，从一道例题到另外一道例题，从一道作业到另外一道作业，不管是学生还是教师，都容易获得成就感。然而，综合能力就没有分析能力那么容易掌握了。学生掌握的很多知识点，有可能转化为系统的学科知识，从而在考试中被轻松提取出来；但更多时候，学生掌握的知识点越多，若不能整合为学科知识系统，就越容易搞乱学生的思维，以至于使学生在考试中遗忘了已经掌握的学科知识点，更谈不上灵活运用了。因此，不管是在学期初，还是在学期中与学期末，只有站在学科教学的高度，始终盯着让学生掌握系统化的学科知识的学科教学目标，再在每次课堂教学中努力帮助学生掌握学科知识点，才能避免学科教学赢得了知识点上的胜利，却偏离了最终的学科教学目标的情况。

三、打开教育教学的"展望之窗"

　　学校是帮助学生学习得更好的地方。学生学习得更好有两种理解：一是学生掌握的知识越来越多了；一是学生越来越喜欢学习了。如果只是对学生的短期学习成绩负责，前者肯定是更重要的；如果是对学生的长期发展负责，对学生的终身学习负责，后者远比前者重要。诚然，学校肯定要对学生的学习成绩负责，因此，让学生掌握越来越多的知识是必不可少的。但是，如果学校只是对学生的学习成绩负责，尤其是只对学生短期的学习成绩负责的话，难免就会以牺牲"学生越来越喜欢学习"为代价。一旦牺牲了学生对学习的兴趣，最终的结果恐怕只能是既没有培养起学生的学习兴趣，也没有让学生掌握越来越多的知识。

从一个学期或者一个学年来看，提高学生的学习成绩是最重要的；但从中考或者高考，甚至更长远的学生未来发展来看，培养学生对学习的兴趣与学习能力又是最重要的。所以，虽然我们对教育的期待总是正向的，但教育带给学生的结果，却受制于评价教育成效的标准。和学生的身份相比，教师可以有着完全不同的身份：为了让学生能更快地掌握学科知识点，教师以训练者的身份面对学生可能最有效；为了让学生更好地掌握系统化的学科知识，教师以教学者的身份面对学生可能最有效；为了学生的全面发展与可持续发展，教师以教育者的身份面对学生可能最有效。可是，由于教师只是一名职业人员，他究竟选择以什么样的身份来面对学生，并不是由他自己的教育理念来决定的，而是取决于学校用什么样的标准去评价与引领教师的工作。目前高考与中考最看重的是学生是否掌握了系统化的学科知识。学校为了让学生在中考与高考中取得优异的成绩，更看重学生是否掌握了学科知识点，这也就难怪当前教师更喜欢以训练者与教学者的身份面对学生了。

当教师是为了帮助学生更快地掌握学科知识点时，对学生进行训练与教学就成为理性的选择。可是，虽然训练与教学可以帮助学生更快地掌握学科知识点，但却留下了两个无法弥补的缺陷：一个是让学生执著于单一的学科知识点，而无法对学科知识点进行有效整合；另一个是让学生越来越丧失对学科学习的兴趣。其实，教育不但是慢的艺术，还是长远的艺术。只有教师不再斤斤计较于一两个学科知识点的得与失，学生才可能站在学科高度来审视与整合系统化的学科知识体系；只有教师在教育教学过程中，从培养学生的学科学习兴趣出发，才可能保证学生在学习过程中保有持续的动力，而且显现出越学越有兴趣的态势。当然，不管是培养学生对学科知识进行系统与综合的能力，还是培养学生对学科学习的兴趣，都是既需要学校与教师的教育眼界，又需要学校与教师更高的教学水平的。毕竟，培养学生对学科知识的系统驾驭，远比训练学生掌握学科知识点更为困难；培养学生对学科学习的兴趣，又远比提高学生的考试成绩更为重要。

4. 课堂结构 = 学科深度 × 教育广度

曾经听过一堂高二的数学课，这位数学老师出身名校，对数学也特别热爱。他在一气呵成地用三种不同的方法解答完一道数学题后，很谦虚地问同学们是否听懂了。不管是在小学学数学，还是在大学学高数，数学一直都是让我很担心的科目，在这位"精通数学"的老师面前，我不得不承认自己没有听懂。于是，我问坐在我旁边的学生是否听懂了，他很幽默地答道：当然听懂了，三种方法我各听懂了三分之一，加起来就全都听懂了呀。原来如此！课后，当我告诉这位老师我和这位同学的对话时，他若有所悟地说了一句话：难道我这样上课反而会降低课堂效率！

一、学科深度：是内容的艰深还是理解的深刻

在没有学科分化的时候，教师的专业归属感在教育之中，因此，教师普遍把育人看得很重，这就是韩愈所说的"师者，所以传道、受业、解惑也"。在学科分化之后，教师的专业归属感在学科之中，因此，教师普遍把教书看得很重。于是，今天我们评价一位教师有没有教育智慧时，虽然也看这位教师对教育的理解有多宽，但更重要的却是看这位教师的学科知识有多深。按照惯常的逻辑，如果一位教师的学科知识很丰富，他培养出来的学生自然也就不会差，或许这就是大家所说的"名师出高徒"吧。

不管我们把学习学科知识当作教育的目的，还是当作提高学生素养的手段，学科知识的重要性都是不言而喻的。在课堂教学中，学科知识有两个来源：一是教材，一是教师。教材上的学科知识是以一次性、平面化的形式呈现的。之所以说它是一次性的，是因为它不是根据学生的理解能力进行解释的；之所以说它是平面化的，是因为它不是根据学习情境的变化进行演绎的。但正因为教材上的学科知识是以一次性与平面化的形式呈现的，所以它比教师提供的学科知识更有权威性，也更有逻辑性。于是，教师为学生提供学科知识，并不注重学科知识本身的权威性与深刻性，而是对教材的弱点进行补充，也就是说，对教材提供的学科知识根据学生的理解能力进行多重解释，根据学习环境的变化进行多样演绎。因此，教师在学科知识上要有深度，并不是要求教师在学科知识的内容上要艰深，而是要求教师对学科知识的理解要深刻。在内容上越是艰深的教师，学生学起来就越艰难，能够掌握的学生人数也就越少；在内容理解上越是深刻的教师，就越是可以帮助学生学习，就越能让学生学得有趣，就越能让学生掌握学科知识。

　　在教育实践中，考核的是学生的学科知识，所以教师不仅关注学生对学科知识的掌握，也关注自己对学科知识的把握。殊不知，两者对待学科知识的态度应该是不一样的，学生为了在考试中取得好成绩，当然应该在把握学科知识内容的深度上努力。可教师并不参加考试，他的使命是帮助学生考得更好，因此，他的任务是帮助学生更好地掌握"对学生而言艰深的学科知识"。这就要求教师对"对学生而言艰深的学科知识"要有比学生更深刻的理解，只有这样才能够让这些学科知识在课堂上变得生动活泼起来，而不再是严肃的科学面孔。可惜的是，现在越来越多的教师是在学科知识内容的深度上努力，他们希望自己在这条路上走得更远，因为他们认为只有这样才可以带着学生走。可结果却让越来越多的学生在学科学习上掉队，更糟糕的是，越来越多的教师在将学科知识变得越来越艰深的方向上开始失望。在他们失望而归之后，便会彻底放弃自己对学科知识的专业追求，然后就只是单纯地做一个教书匠了。

二、教育广度：是"人在学知识"还是"学知识的人"

学科教师的知识背景是专业出身。数学教师往往毕业于数学系，英语教师往往毕业于英语系。在他们走上教学岗位后，他们就变成了专业教练，当然，此处的专业是指拥有专业知识，而非把教练工作做到专业的水平。当一位专业教练教专业选手时，可以把专业选手描述成"一个学习学科知识的人"。既然学习学科知识是这个人的全部任务，当然可以要求专业选手拥有专业精神并遵守专业规范。可是，学生并不是学习特定专业的学员，尽管学习是他们的专职工作，但在众多学科中喜欢上哪一门学科，致力于哪一门学科，并没有强制性的限制。基于这种情况，可以把学生称为业余选手，将之描述成"一个人在学习学科知识"。只有把学生当作一个人对待，他们才会学习这门学科知识。是故，专业教练教业余选手，第一步应是如何吸引这些业余选手，以便让他们在专业学习这条路上愿意走下去，也只有他们愿意走下去了，才有机会发挥我们专业教练的专业价值。两相对比，专业教练教专业选手，走的是专业深度的道路，这对教学广度的要求并不太高；而专业教练教业余选手，就得先走教学广度的道路，因为教学广度是教师推进专业深度的前提与手段。

从"一个人在学习学科知识"的立场出发，就意味着必须把学生当作一个整体的人来对待，所以，当我们希望学生学习学科知识时，可以在以下三个方面加强学科知识对学生的吸引力。

第一，学科教师要全面地爱护与关心学生。不仅要关心学生的学科成绩，还要关心学生的总成绩；不但要关心学生的总成绩，还要关心学生的生活状况。师生关系首先是人与人的关系，如果师生之间缺少了人与人之间的关心与爱护，那么师生关系本身也就不复存在。如果连师生关系都不复存在了，那么，教师与学生之间的教学活动也就无从谈起了。"亲其师信其道"也就是这个道理。

第二，力求让"书面化的学科知识"生活化。学生是生活中的人，他对书面语言的理解与使用还需要锻炼，他对文字的抽象思维能力还很薄弱，而书面化的学科知识就是以书面语言而非口头语言，用抽象思维而非具象思维来表达的。因此，学科知识生活化的过程，就是要求教师把学科知识从书面语言转化为口头语言，从抽象思维转化为具象思维的过程。

第三，要从学生的知识原点出发，引导学生走到学科知识的终点。教材所呈现的学科知识并不是对学生的初始要求，而是学习教材的最终目的。如果我们用最终目的去要求进行初始学习的学生，往往会吓跑学生。

由此可见，教育广度对教师的要求，已经不再是对学科知识本身的理解，而是要从对学科知识的过度关注中走出来，以"长者"或"过来人"的身份去体谅与关心学生，站在学生的立场，用他们听得懂的语言，用他们可以搞清楚的逻辑，来解释和重新表达学科知识。是故，教师只有从对学科知识的过度关注中走出来，才可能以"一个人"的身份与学生交流，而不是以"学科知识"或者教材代言人的身份与学生交流。学生更愿意向一个人学习，而不愿意向死板、平面化、抽象的教材学习。如果教师以"学科知识"或者教材的代言人的身份出现在课堂中，那么，他也势必会让学生获得死板、平面化与抽象的印象。

三、课堂结构：深度与广度的均衡配置

在小学高年级时做过这样一道数学题：在周长一定的情况下，哪一种四边形的面积最大？经过多次比画后，很容易就得出了答案：当长与宽一样长的时候，也就是四边形为正方形的时候，面积最大。到今天，我才真正体会到数学计算的简单和教育研究的复杂。试问，在教学资源一定的情况下，哪一种课堂深度与广度的分布，会让课堂变得最有效率？如果只是计算这道数学题，相信绝大多数教师都知道，深度与广度的均衡分布，是最有利

于课堂效率最大化的。可是，在课堂教学实践中，教师又会给出什么样的答案呢？

在学校管理理念中，对学科知识深度的把握，是对教师的基本要求；对课堂教学广度的要求，则是对教师教学艺术的要求，而这有时是可遇而不可求的。正是因为有了这样的管理理念，学校往往会把学科知识的掌握与使用，当作评价教师专业水平与专业地位的唯一标准；而把在课堂教学中拓展教育广度的行为，当作教师"作秀"的表现，而不纳入教师专业标准之中。而且，学校对教师教学业绩的考核周期越来越短，从以前的一个学年缩短到一个学期，从一个学期又缩短到半个学期，直至今天的一个月。在这么短的教学周期里，教师对学科知识深度的把握，的确比对课堂教学广度的拓宽更有实效。毫无疑问，在短时间内，强迫学习肯定比激发学习兴趣更有效，训练肯定比方法习得更有效。由此可见，学校管理并没有为教育广度提供多大的空间，但却为学科知识的深度大开绿灯。在顺应学校管理的过程中，教师在学科知识深度上努力了，既可以取得短期的教学业绩，还可以为自己长期教学业绩的不显著找到借口。

对教师个人而言，对学科知识的专业归属感，远胜于对教育教学的认同。由于学科教师的知识背景主要是学科知识，因此，他们在提高专业水平时，就会形成对学科知识的路径依赖。相较于学科知识，教师们普遍对教育学思想与理论感到陌生，即使不陌生，往往也没有什么好感，这就在思想上为他们追求课堂教育广度设置了障碍。而且，由于班主任的存在，在传统的意识中，往往把对学生的关心、激发学生的学习兴趣等教育广度方面的事，都归为学生德育工作，由班主任承包。这就更加强化了学科教师只对学科知识负责的意识，也是当前课堂教学中学科深度越来越深，而教育广度越来越窄的一个重要原因。事实上，那些在历史上赢得地位的教师，他们的成就在很大程度上依赖于自己的教育广度，而他们的学科背景倒是被大家慢慢淡忘了。同样的道理，今天在中小学享有盛誉的学科教师，其学科知识并不见得比别人艰深多少，而他们对学科知识的教学却比别人更灵活，更富有生活情趣。

因此，要提高课堂教学效率，不仅需要更多的方法与策略，还需要优化自己的课堂结构。教师执著于用一种又一种方法来解答一道又一道题目，这虽然会让学生在掌握知识点上有所进步，但很可能会使他们因为掌握了太多的解题方法，而离学习方法越来越远。当教师执著于关心学生的学科成绩时，虽然会有少数学生觉得很幸福，但更多的学生会觉得教师很功利，从而离教师越来越远。是故，当学生对学习没有兴趣的时候，需要在学生身上找原因，但更要检查教师对待学生的态度是否出了问题；当学生考试成绩不理想的时候，需要去校对学生题目的对与错，但更需要对学生的学习方法进行指导，因为学生做错了题目，不仅是因为这个知识点没有掌握，还有可能是因为他对知识结构的理解不够深刻。

5. 课堂效率 = 教学进度 × 学习接受度

"向课堂 45 分钟要效率"，这已经成为大家耳熟能详的教育口号。由此诞生的有效教学，甚至高效教学也成为一个时髦的课题，在中小学广为流传。可是，尽管我们向课堂 45 分钟要了这么多年的效率，有效教学也被大家研究了这么多年，但是除了积累了大量课堂教学技巧之外，对于决定课堂效率的要素反倒少人问津，从而让教师经常陷入多技巧却无成绩或有成绩却无技巧的尴尬之境。其实课堂效率的实质，是教学与学习的协同共进，只有教师的教学进度与学生的学习接受度步调一致，才可能做到教学相长，从而提高课堂效率。至于那些多姿多彩的教学技巧，只有在教学进度与学习接受度步调一致的情况下，才可能真正起到提高课堂效率的作用。

一、作为一种任务的教学进度

曾经在公园看见一对夫妇带着三岁左右的孩子散步。刚进公园的时候，孩子特别兴奋，东奔西跑，在父母的身前身后蹿来蹿去。在他们走了一段时间后，孩子的步伐开始慢下来了，可父母仍然按照自己的速度朝前走。开始，孩子在父母的引诱与威胁之下还能跟上父母的步伐，可随着体力逐渐消耗，孩子开始不愿意走路，非要父母抱着走不可。父母觉得这是孩子在偷懒，认为不应该放纵孩子的这种行为，于是仍然坚持要孩子自己走。最终，在孩子大哭之后，父母不得不抱着孩子散步，最后父母也不堪重负，于是只好早早离开公园回家去了。我想父母怎么也没有想到，原本希望带孩子出来锻炼走路，最后却反而培养了孩子要父母抱着走路的习惯。让父母更加意外的是，导致这个结果的原因，居然在自己身上：没有放慢自己的脚步去适应孩子的进度，却让孩子加快步伐来适应自己的进度，在这种超越自身能力的过程中，孩子不但对散步丧失了兴趣，还学会了依赖父母来达到目标。

我们的课堂教学何尝不是这样？刚开学时，哪个学生不是兴奋不已，对学习充满兴趣？可两三周之后，学生的学习态度就变得越来越差——刚开始上课时，学生都还乐意听教师讲课，过了五到十分钟之后，还能够聚精会神听课的学生就越来越少了。学生的学习态度之所以会发生这么大的转变，我相信并不是因为学生天生就不想学习，而是因为学生的学习接受度无法跟上教师的教学进度，就像孩子的步伐无法跟上父母的步伐一样。如果教师不是调节自己的教学进度去适应学生的学习接受度，而是要求学生去适应自己的教学进度，大多数学生经过短期的挣扎之后，最终就会因为教学进度超过了学习接受度而放弃听课。在这种情况下，教师很少反省自己的教学进度，更多时候是把学生放弃听课归责为学生学习态度不端正或者学习能力不佳。

当孩子不愿意散步时，家长往往认为这是孩子偷懒的表现。很少有家长能够意识到问题出在自己身上，这是因为他们觉得自己的行进速度是正常的，如果自己的行进速度也像孩子那么慢，那自己就变得不正常了。与此类似，很少有教师会认为学生厌学或者上课调皮是自己教学进度太快所致，因为自己的教学进度是教学大纲规定的，是事先就设计好了的，因此这是科学的，应该是对的，即使不对，也不是自己可以改变的。更重要的是，对教师来说，保持一定的教学进度，是开展课堂教学的起码任务。这就意味着教学进度是否完成是工作态度问题，而教学是否有趣或者是否有效则是能力问题。在传统的管理理念中，能力是允许慢慢提高的，但态度却是不容马虎的。当我们说一位教师书教得不怎么好时，这位教师似乎是最大的受害者；但是，当我们说一位教师完不成教学任务时，这位教师似乎就成了最大的施害者。

二、作为一种结果的学习接受度

曾经有教师问我：你们搞理论研究的人经常说"教师主导，学生主体"，这句话却让一线教师困惑不已，在课堂教学中究竟谁应该是主体？我当时的回答是：最后谁上考场，谁就是真正的主体；谁不上考场，谁就只是课堂教学的组织者与辅助者。这就意味着，课堂教学真正的主体是学生而不是教师，教师非常努力，但学生不参与，那么课堂教学的效果仍然为零。在课堂教学中，具有真实教育意义的是学生的学习，教师的教学只是学生学习的助推剂。换句话说，教师的主导只是服务于学生主体学习的一种方式而已，在没有教师主导的情况下学生的学习也会有教育意义，只是有可能没有这么大而已。因此，评价一堂课优劣的标准，从目标的角度来看，应该是学生的学习接受度，而不是教师的教学进度。

对课堂教学有效性的评价，并不是看课堂教学过程如何，而是看课堂教学产生的学习结果如何。不管课堂教学过程多么丰富多彩，多么受学生欢迎，如果学生对教师讲解的内容难以理解，难以接受，那么这堂课也是低效的。然而，课堂学习结果并不是即时呈现的，而是需要一学期，甚至一年或者更长的时间。因此，在评价课堂有效性时，往往回避课堂学习结果，而用课堂教学过程来替代。即使用学习结果来评价课堂教学有效性，也往往是将学习结果限制在一堂课之内。于是，今天评价一堂课有没有效率，主要是评价这堂课教学过程是否精彩纷呈，而不会过多地过问这堂课最终产生了什么样的学习结果，当然这个问题的答案在当时也无从判断。尤其是随着大家对公开课的重视，对各类教学比赛的重视，对课堂教学 45 分钟的重视，课堂教学的重心很自然地就从学习结果转移到了教学过程上来。

可是，从学习结果向教学过程转移，也就把教育的主体与最终责任人从学生转向了教师，可事实上不管教师多么认真努力，也无法替代学生去承担他们应该承担的学习责任，毕竟，再精彩纷呈的教学过程也不一定能够产生硕果累累的学习结果呀。

不管老师上课讲了多少知识，也不管是怎么讲解知识的，最终的判断标准应该是学生接受了多少知识。不过，学生接受了多少知识，既受教师的教学活动影响，又受学生自己的学习活动影响。正因为如此，教师往往专注于搞好自己的教学活动，而忽略教学活动可能产生的学习结果。因为即使由于自己的忽略而限制了学生的学习接受度，也可以把这个责任转嫁给学生。但是如果自己的教学活动都没有搞好，那就只有自己独自承担责任了。

三、教学进度与学习接受度的共生

站在主体的角度，很容易得出这样的结论：课堂教学有效还是无效，既需要教师的努力，又需要学生的参与。这样的结论容易让人产生误解，认为在课堂上只要教师全力以赴了，学生倾情投入了，这样的课堂效率肯定就高。殊不知，课堂效率需要教师的努力，需要学生的参与，但更需要教师与学生的协同合作。就像齿轮一样，要向外输出动力，尽管需要每个轮子都尽力转动，但是轮子与轮子必须协同转动；如果轮子各顾各地转动，往往是内耗动力而不是外输动力。

课堂效率等于教学进度与学习接受度的乘积。两个因数都达到最大的时候，乘积就是最大的。但在教学进度与学习接受度是固定值的时候，比如两数的和为 14 时，两个因数的值相差越小乘积越大，相差越大乘积越小，即当教学进度为 14，学习接受度为 1 时，乘积仅为 14；当教学进度为 7，学习接受度也为 7 时，乘积就可以达到 49。是故，要让课堂发挥最大的效益，肯定需要教师与学生的努力和投入，但在教师与学生投入有限的情况下，相互照顾对方的进度，将过量的教学进度用于提高学生的学习接受度，或者将过量的学习接受度用于促进教师的教学进度，才是最佳的选择。教师一味地加快教学进度而不顾学生的学习接受度，或者学生只管个人的学习接受度而不顺应教师的教学进度，都很难让课堂效率最大化。

对学生来说，让学习接受度超过教学进度，委实不是一件容易的事。但如果教师能够主动照顾学生的学习接受度，那班上就必然会有一部分学生的学习接受度超过教师的教学进度，这就是我们常讲的有些学生"吃不饱"。对于这些学生，一方面要引导他们更深刻、更宽泛地学习教学内容，另一方面要发挥他们领头羊的作用，让他们参与部分教学内容的讲解过程，让他们总结并向其他同学讲解自己的学习方法。这样就可以避免这部分学生因为肤浅地理解了教学内容而止步，也可以借助于他们对学习过程与方法的总结而进一步提高他们的学习能力。

教师的本职工作并不是追赶教学进度，而是提高课堂效率，让学生的学习结果更理想。决定教学进度的因素有很多，比如上文谈到的教学大纲、教材设计，还有学校或者教育行政部门统一的教学进度要求，等等，但这些只是影响因素，真正决定教学进度的应该是学生的学习接受度。事实上，如果教师的教学进度很慢，那么学生的学习接受度肯定就高，如果一堂课就讲一个较浅的知识点，那么学生的学习接受度肯定是100%；如果教师的教学进度很快，再聪明的学生学习接受度也会降下来。可问题在于，教师们普遍认为，教学进度是一个必须完成的指标，每堂课的教学进度都必须百分之百地完成，这是上好课的前提，也是当好一位教师的前提。于是，当所有课堂的教学进度都为100%时，学生的学习接受度就普遍降下来了。学生学习接受度的下降，最直接的影响是降低了课堂效率，但更重要的是学生普遍感受不到学习的成就感，最终丧失了学习的兴趣与信心。

四、学校管理对课堂效率的制约与促进

在学校管理中，提高课堂教学效率是不变的目的，但由此产生的制度

与方案，却往往事与愿违。目前的管理理念只是简单地认为课堂效率是教师教学进度与学生学习接受度的"和"，认为教师能够保证完成教学进度，学生能够不断地提高学习接受度，课堂教学效率就能够不断地增高，而没有对教学进度与学生学习接受度之间的关系进行协调。

在管理者看来，确保教学进度是判断教师是否合格的最低标准。学生考差了，肯定有两种情况：一种是教师根本就没有教完要考的内容，另一种是学生缺乏理解所教内容的能力。前者是教师的过错，后者是学生的责任。然而，教师要确保教学进度，就必须将教学进度置于最大值，可如此一来，就不得不降低学生的学习接受度。而且，现在学校教学管理往往将一学期的教学内容均衡分布，使得刚开学时缺少培养学生学习兴趣与知识预备的时间，这样的教学进度会吓跑很多学生。是故，学科教师是否拥有对教学进度的决策权，就决定了教师是被动地服从来自教室外的教学进度安排，还是主动地顺应来自学生学习接受度的教学进度安排。

学校管理认为教学进度是无法调控的，必须保证百分之百完成，而学生的学习接受度倒是可以通过学生的参与和投入来改变的。可是，学生的学习接受度会受到自己的学习能力和教师的教学进度的影响，学生对教学内容一知半解，有可能是因为自己的理解能力不足，也可能是因为教师所教内容太多。事实上，在课堂上能够改变的并不是学生的理解能力，而是教师的教学内容的多与少。问题在于，当前教师是否有决定教学进度的权利，而学校管理者又是否将决定教学进度视为教师的专业权利。将教学进度的决定权授予教师，并不意味着学校就不再对教师教学进行控制。此时，学校对教师教学的管理，将更为宏观，更加长远，不在于一时一课，也不在于眼前的成绩与表现，而在于对教师教学计划的审核与指导，对学生长远发展的预期与推进。

6. 从"因材施教"到"因教施学"

翻看《论语》，不但可以习得孔子的思想，还可以感受他那个年代的教学组织形式：孔子常携三五个弟子，边品茶边探讨，边散步边沟通。其实，这种悠闲的教育形式，在柏拉图的《理想国》中也有体现：一群志同道合的人，聚在一起畅谈人生哲学，高论国家发展。孔子与柏拉图都是尊者与师者，可在两本著作所演绎的教学过程中，学生们并没有因为老师的存在而压抑自己的思想。与之相反，正是在老师的引导下，学生的思想离真理越来越近。教育在他们的眼中之所以有着如此和谐的氛围，我想这与孔子提出的"因材施教"很有关系。老师通过对学生的全面了解，用自己的才学去延伸学生的思路，既培养出了富有自主精神的学生，又体现了师者的教育价值。正因为如此，因材施教的思想才得到大家的理解与接受，并在学校教育中广泛传播，成为教育中不可辩驳的原则之一。

一、因材施教的路能够走多远

当我们把《论语》与《理想国》合上时，就又回到了现实的学校教育实践之中。其实，孔子与柏拉图的教育生活，正是今天教师最为向往的生活。之所以向往，是因为这种生活在教育实践之中已经不复存在了。教师不再是教三五个弟子，而是面对上百个学生；不再是与学生交流自己的思想，也不再是延伸学生的思想，而是向学生传授教材与考纲要求的知识。这就加大了教师"因材施教"的难度，并大大地降低了"因材施教"的必要性。不管学生是否有学习学科知识的潜力，也不管学生是否愿意学习学科知识，这都是学生的责任，在短短的受教育时间内，强制可能比学生自愿学习还更有效。

因材施教是一个美丽的教育理想，但越是美丽，对孕育它的条件就越是苛刻。因材施教至少有两个前提：一是教师有足够的时间与精力去掌握学生的学习潜力与学习现状；二是教师在课堂教学过程中以掌握的学生信息为原则，而不受其他原则的干扰。前者决定着因材施教的可行性，后者决定着因材施教的必要性。孔子只有不多的弟子，而且常常与弟子们生活在一起，对他来说，掌握学生的学习潜力与学习现状并不困难，如他在《论语》中所言："柴也愚，参也鲁，师也辟，由也喭。"这表明他是按照因材施教原则来展开教学工作的。可是，当教师要同时面对几十个学生的时候，即使天天与学生生活在一起，也不可能像孔子那样了解自己的学生，再说，老师不但不会与学生生活在一起，就连上课时间都是非常有限的，这就加大了教师因材施教的难度，降低了教师因材施教的可行性。

孔子的教学进度应该是根据学生的学习状态来调整的，如他所言："不愤不启，不悱不发。举一隅不以三隅反，则不复也。"可是，今天的教师不是不愿意根据学生的学习状态来调整教学进度，而是教学大纲、考试大纲和学校规章制度不允许他们根据学生的学习状态来调整教学进度。如果完全以学生的学习状态来调整教学进度，恐怕一学期下来，没有几个教师能够完成教学任务。再说，即使教学大纲、考试大纲与学校规章制度授权教师根据学生的学习状态调整教学进度，可是当教师面对几十位学生的时候，他又应该以哪些学生的学习状态为标准呢？相信绝大多数教师都不愿意去承担这件令自己为难的事，而更愿意放弃这项授权，重新接受教学大纲、考试大纲与学校规章制度对教学进度的安排。这就大大地降低了教师因材施教的必要性。

二、因"学生"施教与因"教材"施教之别

其实我们已经讲得很清楚了，和孔子与柏拉图相比，今天的教师也是按照"因材施教"的原则来开展教学工作的。两者的区别在于，孔子与柏拉图眼中因材施教的"材"是人，是具体的学生，与之相应的教材却是抽象的东西；而今天教师眼中因材施教的"材"，是具体的教材，与之相应的学生却是抽象的教育对象。

根据学校的教学安排，一旦每学期所教学科的课时数定了，教师的任务就是把这些课时数分配到教学单元之中。把教学单元与课时数联结起来，就成了教师的学期教学进度表。教学进度表既是教师开展课堂教学的依据，也是学校考核教师教学进程的标准。如果教师教学进度游离于教学进度表之外，那就成了教学事故，或者表明教师欠缺计划教学进程的能力，或者表明教师没有有效地完成教学任务。毫无疑问，在教师的教学进度安排中，学生的学习潜力与学习现状并不是关键要素，它们最多是教师对教学进度进行微调的理由，其实在很多情况下，它们只是教师私下里对学生进行关心与补差的依据而已，并不成为影响班级教学进度的因素。

当教师因"教材"而施教时，教师的教学与学生的学习脱钩也就在所难免了。课堂教学进度既不是根据教师的教学需求来设计，也不是根据学生的学习状态来开展的，这样，不但学生的学习状态与教学进度会脱钩，很多时候教师的教学状态也只是被动地跟着教学进度，这就是为什么在今天的课堂上，不但见不到学生学习的主动性，就连教师的教学主动性也变得越来越少的原因。教材成了课堂教学的标准，如果学生的学习进程先于教学进度，他就会享受到学习的幸福，并积蓄力量进一步跟进教学进度；如果学生的学习进程滞后于教学进度，他就会承受学习的痛苦，丧失进一步跟随教学进度的能力，从而败下阵来。由于教学进度并不是由教师决定的，

因此，教师对越来越多的学生败下阵来也感到无能为力，最多也就是帮助他们晚一点败下阵来而已！

三、行走在"因教施学"的路上

虽然今天的学校教育做不到因材施教，但因材施教的旗帜仍然扛着。也就是说，虽然学校教育做不到因材施教，但我们仍然向学生、家长以及社会承诺，我们会按照因材施教的理念来开展课堂教学。可事实上，我们早就被动地放弃了因材施教，按照由教学大纲、考试大纲与学校规章制度设计好的教学进度表来设计与安排课堂教学。而学生及其家长，却仍然沉浸在因材施教的理念之中，因此就很自然地把学生学业成绩的责任归于教师。

至于有的学生没有败下阵来，而且取得了好成绩，不管是他本人还是其家长，都不会认为这是教师的功劳，这是教师因材施教的结果。然而，凡是败下阵来的学生及其家长，都认为这个责任应该由教师承担。你不是说因材施教吗？现在学生败下阵来了，这不就证明你并没有按照自己的承诺，为败下阵来的学生提供教育服务吗！其实，并不是教师不愿意因材施教，在当前的教育体制中，教师不可能，也没有必要因材施教。因此，教师的责任并不是没有因材施教，而是没有把自己不可能，也没有必要因材施教的事实告诉学生及其家长。

如果学生及其家长知道教师不可能因材施教了，他们就会主动地承担起学习责任。既然教师不再根据学生的学习潜力与学习状态来开展课堂教学，这就要求学生必须根据教师的课堂教学来开展自己的课堂学习，这就是我们讲的要"因教施学"。与其让学生被动地在教学进度表后面追，还不如让他们主动地在教学进度表前面跑。问题在于，现在有多少学生明白这个道理？因材施教的思想，的确有利于教师提高教学效率，但这种思想的代价，就是降低学生学习的主动性，让他们被动地等待教师的帮助，而不是主动解决自己遇到的学习问题。

　　"因教施学"的观念，不但对学生学习的主动性提出了要求，还对学生如何适应不同教学风格的教师提出了要求。班级教师总是由五到六位学科教师组成，虽然很难鉴别这些教师在教学水平上的高低，但不同学科教师拥有不同的教学风格，这是不争的事实。对教师来说，教学风格是很难改变的；对学生来说，他的主要任务并不是如何改变教师的教学风格，更不要说寄希望于更换学科教师了，而是如何调节自己的学习状态，力求让自己的学习能够更好地适应教师的教学风格，从而从教师的课堂教学中获得更大的助益。可是，今天的现状是，学生与家长花了大量的时间与精力去抱怨学科教师的教学水平，去期待着更换学科教师，却没有在"因教施学"这条可行的，也是自主的路上想想能努力走多远。

7. 别让课堂教学止于"学科生活化"

　　当你拥有知识时，你就希望用知识来解释生活，犹如你掌握了事物的本质，就期待着用它来解释生活现象一样，这个过程就是我们所讲的学科生活化。当你没有拥有知识时，你就希望从生活中发现知识，犹如你面对纷繁复杂的生活现象时，最需要的就是尽快地掌握支撑这些生活现象的事物本质，这就是我们所讲的生活学科化。教师是有知者的象征，所以，教师主导的课堂往往是学科生活化的课堂；学生是无知者的代表，所以，学生主导的课堂应该是生活学科化的课堂。

　　有了数码相机之后，原本奢侈的照相就变成了一件极其平常的事情；原来的影集也变成了电脑里的文件夹。可是，相片多了，储存与发送就成了问题，毕竟图片所占空间太大。为此，我们经常把要传递的图片制成压缩文件，以减少图片所占的空间，这也可以极大地提高图片的传递速度。可这样一来，图片接收者就多了一道工序——必须先对这些压缩文件予以解压，才能够打开并欣赏图片。在课堂教学中，学科知识就是被压缩后的生活经验，生活经验必须通过压缩来保存与传递，但在理解与使用学科知识时，又必须通过解压这道工序。

　　学科知识本身就是生活经验的积淀与抽象，我们可以把学科知识理解成由生活经验制成的"压缩饼干"，也可以将之理解成将生活经验去粗取精后形成的"蔗糖"。在课堂教学中，教师是学科知识的代言人，他的使命就是让学生理解与接受学科知识。可是，学科知识犹如生活经验的压缩文件，要阅读或者使用它，就必须先将其"解压"，恢复它作为普通文件的性质与功能。于是，教师在"解压"学科知识的过程中，就必须用生活化的语言来解读学科知识，将学科知识与生活环境结合起来，这样才有可能让处在日常生活环境中的学生走近学科知识，慢慢感受学科知识的功能与魅力。是故，从课堂教学的功能来看，教师教学其实就是让学科知识生活化的过程，也就是让学科知识回归生活经验的过程。

教师意识到，如果只是简单地把学科知识搬移到学生的头脑中，不但效果很差，而且容易让学生丧失学习学科知识的兴趣与信心。于是，教师都希望在自己的课堂教学中，尽可能地对学科知识进行解压，以恢复学科知识的生活形象。所以，在今天的课堂教学中，教师力求让课堂变得活泼，尤其是随着多媒体技术与设备的出现，教师们更是不遗余力地借助各种手段来丰富课堂教学形式。的确，课堂教学的生动与活泼，让课堂变得更加有趣了，孩子们对课堂的参与程度也更高了。但是，另外一个问题又产生了：学生对学科知识的理解与掌握，似乎并没有因为课堂生活的生动与活泼而变得更加有效。也就是说，教师在学科生活化的道路上，似乎并没有更有效地完成帮助学生掌握学科知识的任务。

为什么教师的学科生活化，并没有必然导致学生学习效率的提高呢？道理很简单，学科生活化并不是教学的全部，它只是教学活动的一个步骤，而且这个步骤只是教学开始的一步，离成功教学还有很长的路要走。不管教师在学科教学上多么努力，对学科知识的学习、理解与掌握，始终是学生自己的事情，教师可以帮助学生学习学科知识，但却永远不可能替代学生去学习、理解与掌握学科知识。因此，课堂教学不应该止于学科生活化，还应该以学生自己理解与掌握学科知识为最终目的，这就需要教师在完成学科生活化之后，进一步推进与完善学生生活学科化的过程。有了教师的学科生活化，只是完成了对学科知识的解压缩，被教师解压缩后的学科知识又恢复为生活经验的形态。虽然生活经验更容易让学生理解，但它并不能转存到学生的知识结构之中。要将已经解压的学科知识，转存到学生的知识结构之中，就有必要让学生完成生活学科化这项任务，也就是让学生重新压缩与抽象以生活经验形态存在的学科知识。

8. 莫让"学生成长"受阻于"有效教学"

　　小时候，一直以为妈妈很喜欢吃鱼头，因为家里的鱼头总是妈妈吃的，而且妈妈还说吃鱼头的人聪明。十几年后，我把父母接到了自己身边，可我却发现妈妈变了，她不但不喜欢吃鱼头，连吃鱼都提不起兴致。这让我困惑不解，就问妈妈为什么不喜欢吃鱼头了。妈妈却反问我道，为什么你会认为我喜欢吃鱼头呢？我说，你不是说吃鱼头的人更聪明吗？妈妈继续问道，如果吃鱼头真的变得更聪明，你会自己吃鱼头，还是把鱼头留给孩子吃呢？原来，为了不浪费那时极为珍贵的一点儿鱼肉，妈妈就自己吃下了"让人变得更聪明"的鱼头；可这些鱼头并没有让妈妈变得更聪明，反倒让妈妈不但讨厌吃鱼头，就连现在看到鱼都觉得厌烦不已。这就让我想到，如果今天的学生，为了获得更为优异的成绩，而不得不超越自己的学习能力，不得不超越自己的学习兴趣，去没日没夜地学习学科知识，虽然可能会获得优异的成绩，但优异的成绩会不会不但让他们在学科知识上难有较大的成就，反倒让他们在毕业后的日子里，见到这门学科知识就厌烦不已呢？

一、有效教学的得与失

　　小王的历史成绩一直不错，在历次考试中，都遥遥领先于其他同学；作为科代表的他，也是历史老师的骄傲，被看作是最有历史学习天赋的学生。在填报高考志愿的时候，历史老师认为小王会顺理成章地填报历史系，以发挥自己在历史领域中的天赋。谁知小王的选择却让历史老师大跌眼镜，他不但没有选择历史系，连所有可能和历史沾边的专业都放弃了，结果选择了并不擅长的英语专业。对此，历史老师甚为沮丧，问小王为什么会放弃历史而填报英语。小王倒是很诚恳地说，他虽然在历史学科上有着良好的学习成绩，但在历史学习中并没有体会到学习历史的快乐，为了保持自己在历史学科中的地位，为了满足历史老师对自己的期望，他不得不在历史学科上投入更多的时间。最初自己对历史还是充满兴趣的，但当自己为了获得更好的历史成绩，为了确保自己在历史学科上的地位而学习时，自己对历史本身的兴趣却彻底丧失了，尽管还在尽力获得好的历史成绩。与此相反，由于自己的英语成绩并不突出，自己对英语也没有寄予多大的希望，但英语老师也从来没有为自己带来学习上的压力。所以，尽管英语成绩不怎么样，反而觉得英语学习有更多的乐趣。

　　小王还是幸运的，尽管他对历史的兴趣在高考时已经消磨殆尽，但至少他优异的历史成绩还能够坚持到高考。对于那些在高一或者高二，甚至初中或者小学，就因为为了获得更好的学科成绩而学习，从而失去学科学习兴趣的学生来讲，那些看起来不错的学科成绩，并没有为他们带来更光明的未来，反倒让他们在后续的学习过程中，失去了对这些学科的兴趣。有一位教师的孩子，在小学一、二年级的时候，每天回到家他就主动地做家庭作业，而且非得做完家庭作业再去玩不可；可是，到了小学三年级后，情况就完全变了，他一回家就想方设法、讨价还价地要玩，而作业总是一拖再拖，最后在父母软硬兼施的情况下才会完成。为什么会有这么大的转变呢？这个孩子的回答是，一、二年级的作业适当，每天回家做完后还有机会玩；可到了三年级之后，作业根本就做不完，那就意味着没有时间玩，既然如此，还不如先玩了再说。其实，做完作业再玩，玩的质量肯定更高，玩得也更踏实；如果作业根本就做不完，那就不是玩的质量高低的问题，而是有没有玩的可能性了。问题在于，当作业超过一定的量时，却在孩子身上发生了质的变化，让一位喜欢学的学生变成了喜欢玩的学生。因此，"过"不仅会不及，而且往往还会前功尽弃，还会把学习之路堵死。

二、有效教学的方向何在

不管是家长还是教师，在面对学生的成绩时，总是得不到满足。哪怕学生在班里考了第一名，还希望他考"双百分"；哪怕孩子从班级最后一名进步到了倒数第五名，还是希望孩子能够考到班级第一名。有效教学在我国之所以能够如此广泛地被大家认同，和大家对学生成绩永不满足的心态息息相关。很难说现在提倡的有效教学为我们提供了可行的教学方向，但这个词语却让大家对孩子的成绩更上层楼向往不已。可是，学习成绩并不等同于学生的学习能力，提高学习成绩的过程，有可能是学生学习能力的增进过程，也有可能是学生学习能力的透支进程。前者不但让学生的学习成绩得到提升，还让学生的学习兴趣有所增长；后者虽然提高了学生的成绩，但却是以牺牲其学习兴趣为代价的。因此，虽然学习成绩可以为学生的未来发展换来更好的教育资源，但在学习兴趣被消耗殆尽的情况下，再好的教育资源也没有多大的价值；在学习兴趣得以保持与激发的情况下，哪怕教育资源稍微差一点，也同样会造就学生美好的未来。

毫无疑问，今天的升学机制极大地鼓励了对学生成绩的无限制提升，为了上好的初中，就必须尽己所能地在小学就发挥潜能，而不论以后在初中是否还有后劲；为了上好的高中，就必须在初中表现得比别人更加优秀，哪怕这种优秀是让自己吃尽苦、受尽累，也在所不惜。可问题是如果为了进入好的初中在小学就牺牲了学习兴趣，丧失了学习过程中的内在乐趣，进入好的初中就会度日如年。同样的道理，为了进入好的高中学习，初中时的学习能力就已被过度使用，而这必然导致初中学生对学习深恶痛绝。最明显的是，为了考入好的大学，高中就成了人生中最"暗无天日"的阶段，哪怕是那些考入好大学的人，在高中毕业时也会把折磨自己至深的教材与参考书烧掉。其实，从横向比较来看，学生与学生之间竞争的是成绩；但从纵向来看，学生与学生之间竞争的却是学习意志，而学习意志不仅仅是在学习过程中对吃苦耐劳的坚持，更是对学习兴趣的保护与对学习内在乐趣的激发。

不可否认，中国的小孩在基础教育阶段的表现，远比美国的小孩更为优异，当然，这主要表现为中国小孩的学科知识很丰富；同样不可否认的事实是，在基础教育阶段成绩并不比中国小孩好的美国小孩，似乎比中国小孩更有未来，毕竟美国的高等教育远比我们的高等教育发达，美国社会的技术创新也始终走在世界前列。这就让我们不得不反思一个问题：学生在基础教育阶段获得的那些所谓的优异成绩，究竟是助长了学生的优异发展，还是因为削弱甚至消灭了学生的学习兴趣而阻碍了学生未来的发展？教学有效还是无效，最重要的不是分子的大小，而是分母是什么。如果分母是考试成绩，我看分子就不能超常地大，否则，效率越高，学生的未来反而越差，学生超常的那部分成绩往往把学生后续学习的兴趣扼杀了；如果分母是学生的综合素养，当然包括考试成绩和学习兴趣、学习乐趣，这样，分子当然是越大越好。

三、基于教学艺术的有效教学

生产方式决定生产力水平。在手工作坊里，虽然通过工人的勤奋工作可以提高工作效率，但工作效率的提升是非常有限的；在流水线上，工作效率并不是由工人的勤奋程度决定，而是由生产流水线本身的先进程度决定的。因此，要提高课堂教学的有效性，教师需要掌握更多的教学技能技巧，但这并不是根本之道；对课堂教学结构的重组、对课堂教学系统的审视，才是体现教学艺术，并实现有效教学的根本途径。课堂教学的艺术性，并不完全体现在对学科知识的传授技巧上，还体现在对学科教学的整体设计与计划上，更体现在教师对学生兴趣与价值观的感染与浸润上。因此，要在课堂教学中真正体现出艺术性，以下三个步骤是值得我们思考的。

第一，跳出自我看学科。对教师来说，学科知识早已烂熟于胸。教高中英语的教师都上过大学，教初中英语的教师至少都上过大专，所以，没有几位教师会认为自己在教学中会存在学科知识的问题。然而，判断教学有效与否，并不是看教师是否已掌握学科知识，而是看在教师的帮助下学生是否能够掌握学科知识。这就需要教师能够跳出自我看学科知识，要求教师不但知其然还要知其所以然，更重要的是，教师在教学中要有学科意识，要从学科结构的角度来规划自己的课堂教学，要能够把每天与每学期的课堂教学有机地串联起来，而不要让自己陷在一堂一堂的课之中，陷在一个一个的知识点之中。

第二，跳出学科看教学。教师清楚了学科知识，也明白了学科结构，在教学中也具备了学科意识，还不等于就能够把课上好，因为知道了这件事并不等于就能够把这件事清楚地表达出来。当我们见到一个老朋友时，可以一眼就把他从人群中认出来，但要你讲清楚这位朋友的长相，是不是就很难为你了呀。对教师来说，不但要认准学科知识这位老朋友，还要用适当的方式，用学生可以接受的方式来讲清楚这位老朋友的长相，后者比前者困难得多。对学科知识的学习与掌握，属于科学问题，而对学科知识的表达就关乎艺术了。其实，对学科教师来说，既然不存在对学科知识的创新，那么对学科知识表达的创新就至关重要了。

第三，跳出教学看教育。连学科知识都不理解的教师，肯定是不合格的教师；虽然理解学科知识，但却讲不清楚，或者讲得不够艺术，那么，这位教师必然是位低效的教师；能够理解学科知识，也能把学科知识讲得很有艺术性，这样的教师从学科知识的传授来看肯定是高效教师，可高效教师也有不被学生喜欢的。对于学科教师来说，影响学生对学科知识的掌握是浅层的，影响学生对学科知识的结构与思维是较深的，影响学生对学科知识的兴趣才是真正深层的。毕竟学生在没有兴趣的情况下也可以掌握学科知识结构，在没有掌握学科知识结构的情况下也可以掌握学科知识点，只是程度与可持续性有区别而已。而学科兴趣并不是教师可以培养的，教师只能通过自己对学科的兴趣来感染学生，这就变成了教师与学生之间人格魅力的相互浸润了，这才是真正的教育。

第二辑　营造"有趣课堂"

1. 是学生失序还是教师失趣

不管什么样的学生，在开学之初都不会抱有调皮的心态，所以，开学前两周课堂上一般都比较有序，学生似乎也对学习有了新的兴趣。但这种情况往往很难坚持下去，因为两周后，课堂上的调皮行为就开始逐步显现出来，甚至比上个学期有过之而无不及，教师往往将此归因为"老毛病又犯了"。既然学生能够在前两三周里保持良好的学习状态，那么，究竟是什么"病"让学生重又成为课堂上的捣蛋鬼了呢？更为重要的是，让学生成为捣蛋鬼的"病毒"是来自学生自身还是来自教师呢？这就让人想到这样一个问题：课堂上产生诸种问题，究竟是因为学生在学习上失序，还是因为教师在教学上失趣呢？

一、"失序"背后隐藏的"失趣"

早就听说有所学校生源很差，学生的学习状态也不好，课堂上学生更是"八仙过海，各显神通"，教师除了抱怨就是生气。怀着百闻不如一见的心态，笔者来到这所学校听课，想真实地了解一下课堂能被学生捣乱到什么程度。正好碰上一堂英语课，于是在和校长与英语老师打了招呼后，我就匆匆地走进教室。刚上课的时候，或许是因为我的到来，或许是因为同学们还没有准备好调皮，一切都还比较正常。可十分钟之后，我就有点坐不住了，因为我坐在最后一排，根本就听不清英语老师在讲些什么。于是，我主动坐到了第三排的一个空位上，这下总算听清楚英语老师在讲什么了。可听清楚了就更坐不住了，原来教师就是顺着课文逐字逐段地为学生解释。再看旁边的学生，最早坐不住的已经开始行动起来了，性格比较内向的快睡着了，少数几个对英语有着浓厚兴趣的还在听课，只是不时打两个哈欠。

下课后我找了几个学生交流，问他们知不知道英语很重要。其中一个学生回答得特别巧妙：我不但知道英语很重要，而且知道钱很重要，但就是缺钱，也缺赚钱的能力。于是我说：所以才要认真学英语呀。他说上课的时候一则听不见，二则听不懂，三则听见了也听懂了就更觉无趣。当我和老师交流时，老师说，他以前嗓门蛮大的，可后来发现根本就没有多少人听，声音自然就小了；学生听不懂，也不能怪老师，毕竟他们底子太薄，而教师又不能不讲新课，总得确保教学计划完成呀；至于有趣无趣，学习总得吃点苦，如果上课上得还像他们打游戏那么好玩，相信没有几个老师办得到。如果继续追问课堂上失序与无序的原因，那就演变成是"鸡生蛋"还是"蛋孵鸡"的问题了。不管是鸡生蛋还是蛋孵鸡，至少现在鸡在生着蛋，蛋也在孵着鸡，搞不清楚这个问题，并不影响鸡的正常繁殖，也不影响我们吃到美味可口的鸡蛋。但如果我们始终搞不清楚课堂里究竟是学生的失序导致了教师的失趣，还是教师的失趣导致了学生的失序，就会影响到课堂教学的有效进行，更影响着师生的可持续发展。

要判断失序与失趣何为因何为果，有一个最简单的标准，就是因总在果之前。那么我们来看，在无序的课堂中，究竟是教师的失趣在先，还是学生的失序在先。在课堂开始的时候，如果学生显得非常失序，那么，教师的教学情趣肯定会因此而大打折扣；如果教师显得非常失趣，那么，学生对课堂秩序的遵守自然就会大打折扣。我们通过诸多课堂观察发现，很少有学生在课堂开始的时候就极力地调皮与捣乱，这样，就可以把学生的失序归因于教师的失趣了。当然，也有教师会说，不能用一堂课来评价失序与失趣的先后，毕竟教师要受学生以前的学习状态影响。这就揭示了另外一个问题，那就是学生对课堂秩序遵守与否，往往以这堂课本身的趣味性为标准；而教师备课，进行教学设计却往往以学生长期的学习表现为标准。

判断失序与失趣何为因何为果的另外一个标准，就是看调皮学生人数的多少。课堂上调皮或者睡觉的学生如果很多，就表明学生的失序是由教师的失趣导致的；如果只是少数几个，那倒是可以判断教师的失趣是由这少数几个学生的失序导致的。

二、兴趣先行的学科教学

如果把课堂失序归因于教学失趣，那么很多教师都会觉得冤枉。记得有位教师曾经对我说，既然学生在课堂上调皮的原因是我上课没有情趣，那么我以后上课就不讲知识，多和他们一起玩不就行了！我觉得这是生气时讲的话，如果上课不讲知识，只是陪着学生一起玩，那还算是上课吗？问题的核心在于，如何在课堂教学的过程中激发学生的学科兴趣，吸引学生学习。其实，脱离了学科学习，只是单纯地游戏与玩乐，我相信也不会有多少学生真正觉得这样的课堂有趣。对于教师来说，上课不讲知识，但还能让学生每节课都觉得好玩，也不是一件容易的事。

对于如何激发学生的学习兴趣，老师们最大的困惑，是不管课堂教学如何变化，都不可能让它变得比打游戏更为有趣。不可否认，网络游戏等对当代学生的诱惑是极大的，从好玩的角度来讲，课堂教学的确是难以超越它的。如果让学生在上课和打游戏间进行选择，学生肯定愿意选择打游戏；但当学生已经坐在教室里时，只要听课具有一定的趣味性，他就会尽可能地追求听课的乐趣，而不会将游戏和听课的趣味大小进行比较。教师只要将趣味性与教学性融为一体，就可能真正开发出课堂本身的乐趣来。

做任何事情，都既要有前提，又要有过程，还得达到目标。比如，我们饿了就得吃饭，但吃饭的前提是有钱，有了钱还得去菜场买菜烧饭，还要确保烧出来的饭菜能够下咽。课堂教学也是这样的，要让学生在课堂上学有所得，前提是让学生觉得听课有意思，就是我们讲得有趣、有意义；然后让学生在听课过程中因为有兴趣而不断前行，或者是因为前行而越来越有意义；最后还得确保学生听课所得能够换回较好的成绩，最好还能提高他们继续学习的能力。在整个流程中，过程与目标看起来比前提要重要，谁不知道认真学习与好的成绩的重要性？但前提却制约着过程是否顺利，决定着目标是否能够达成。很难想象，一个认为听课既没有趣味也没有意义的学生，还能够坚持把课都听下来。如果课都不能听下来，还谈什么教学目标的达成，就更不要说有良好的成绩了。

教师最大的担心，就是在课堂上如果照顾学生的学习兴趣，难免就会放慢教学的速度，降低教学的难度，从而完不成教学任务。这就带来以下三个问题：其一，如果学生在课堂上因为失趣而不参与课堂，在这种情况下，尽管教师既没有放慢教学速度，也没有降低教学难度，但是能完成教学任务吗？其二，教师为了激发学生的学习兴趣，为了让课堂变得更加有趣，没有把应该讲完的知识讲完，没有对更难的题目进行剖析，在这种情况下，学生有没有可能去自学没有讲完的知识呢？有没有可能自己去钻研更难的题目呢？其三，尽管教师在前几周的课堂上为了激发学生的学习兴趣，为了让课堂变得更加有趣，放慢了教学进度，可随着学生对听课喜欢程度的提高，对教师喜欢程度的提高，后面的教学进度还会这么慢吗？在这三个问题中，相信第一个问题的答案肯定是否定的，而后面两个问题则给我们留下了无穷的期待。

三、课堂教学就是学科知识趣味化

长期以来，我们都认为学科教学的目的，是向学生传授学科知识。难道没有学科教学，学生就不会习得学科知识了吗？对学生来说，所有的知识都是学会的，而不是教会的。正因为学生对学科教学形成了依赖，才少了学习的主动性，才少了对学科知识的主动建构。学科教学只是学生习得学科知识的一种辅助手段，真正让学生掌握学科知识的，是学生自己对学科知识的主动建构。既然没有学科教学，学生也会习得学科知识，那么学科教学的任务是什么呢？学科教学又是如何辅助学生掌握学科知识的呢？

学科教学要有助于学生掌握学科知识，就一定要顺应学生学习学科知识的过程，扩大学生掌握学科知识的要素，去除阻碍学生掌握学科知识的要素。前者是积极地辅助学生掌握学科知识，后者是消极地辅助学生掌握学科知识。从积极的角度来看，有利于学生学习学科知识的要素，包括激发与保持学生的学习兴趣、良好的学习方法和科学的知识组织形式。在这些要素中，学习兴趣并不是孤立的要素，而是融于学习过程与学习方法之中的一种感觉。其实，学习方法的好与坏，就是看学生使用该种方法时是否能更有效地掌握学科知识，前者让学生对学习更有成就感并因此而更有兴趣，后者让学生对学习更有挫折感并因此而更无兴趣。知识的组织形式是否科学，就是看它是否有利于学生理解与应用学科知识，如果是的话，学生对学科知识就会更有兴趣；否则，学生对学科知识以及学习过程就会更加没有兴趣。

学科教学就是辅助学生掌握学科知识，"辅助"二字主要表现为如何让学生学习学科知识的过程更有趣味。但此处的趣味并不是在学习过程之外增添乐趣，而是要让学生在学习过程中体会到成就感与自我价值的实现。正是在这种意义上，我们说学科教学就是学科知识趣味化的过程。学科知识趣味化，就意味着要让书本化的学科知识生活化，让生活中的学生能够理解被书本化的学科知识；就意味着要让抽象化的学科知识具体化，让具体生活中的学生能够接受并应用抽象化的学科知识，并逐步培养将具体知识抽象化的能力。当我们把学生的学习兴趣与学科知识融为一体时，就很容易发现，让学科知识趣味化的过程，就是学科教学与课堂教学的过程；让学科知识趣味化的艺术，就是学科教学与课堂教学的艺术。

毫无疑问，课堂教学是学科知识与学生之间的桥梁，而教师则是设计与搭建这座桥梁的工程师。如果没有这座桥梁，学生也可以通过别的渠道到达学科知识的彼岸，只是别的渠道会让学生付出更多的时间与精力。有了教师设计与搭建的这座桥梁，学生便可以更便捷地到达学科知识的彼岸，而且在桥上行走时会觉得比别的渠道更为宽敞，所看到的外部风景与内在情趣都更有意义。但可怕的是，教师成为学科知识的代言人，无时无刻不以学科知识的化身出现在学生面前，对学生提出要态度认真、乐于吃苦等要求，于是学生不但反感学科学习，还会连带地反感作为学科知识代言人的教师。

2. 以"有趣课堂"实现"课堂有效"

听说《赤壁之战》被搬上了荧幕，难得看电影的我居然和爱人亲自跑了趟电影院，其实并不是想看荧幕上的赤壁有多么的壮观，而是因为对教材中《赤壁之战》的向往。可是，荧幕上的"赤壁之战"已经被导得面目全非，既显露了对历史理解的肤浅，又打破了教材中《赤壁之战》在我心目中的精彩。回到家里，郁闷之余就看起了《三国志》，觉得这不但比电影真实，而且比《三国演义》还要真实。然而，让我没有想到的是，荧幕上的"赤壁之战"虽然纯属无厘头，但无论如何还是看完了。可是要看完《三国志》却是一件困难的事，也不知是因为自己阅读水平不济，还是因为书写得晦涩难懂。最后还是选择了既有演义色彩又不失历史解读的《三国演义》，在演义中读历史，在历史中找演义，不知不觉就读完了。通过这件事，我想到不同的课堂教学风格对学生的影响：作秀的课堂让学生觉得好玩，但却没有真实的收获；求知的课堂让学生有真实的收获，但却觉得吃力。既有作秀之好玩又有求知之收获的课堂的确太少了。

一、有趣与有效的"二元对立"

赵老师刚刚大学毕业，满怀教育理想来到某学校任教。开学不久，坚持以情感人与以理服人的他，和学生闹得不可开交。这时，他的带教老师对他说，要想班级管理有序，考出好的成绩，你就不能整天和学生嘻嘻哈哈。做老师就要有做老师的架子，否则以后谁还怕你呀。听了带教老师的话，赵老师若有所悟，开始在班级管理上尝试起来。果不其然，当赵老师用长者的语气和管理的腔调对待学生时，虽然他觉得自己难受，学生也难受，可学生的确变得听话了。于是，赵老师的困惑又来了：是不是在学科教学上也应该如此呢？

当赵老师再次向带教老师请教时，带教老师直夸他聪明，能够较好地迁移这些经验。带教老师接着说道，虽然人人都知道应该培养学生的德性，提高学生的能力，可是学校考核我们的标准始终是学生的成绩，而成绩是靠知识挣来的，知识是靠一个一个的知识点积累起来的。在众多知识点面前，学生都会觉得厌烦。因此，教师不可能做到既让学生开心，又让他们有好成绩，毕竟给我们的时间就这么短，但要求却那么高。就他个人的经验来看，提高学生考试成绩最好的办法，就是找准知识点，然后一个一个训练，学科教学也是如此。至于提高课堂教学情趣，还是等到公开课的时候再准备，家常课永远都是枯燥乏味的，就像家庭生活一样。带教老师如此一说，赵老师也就明白了为什么自己平时备课那么认真，在教学设计上绞尽脑汁，可就是考不过带教老师的原因。尽管自己的学生表现得更有能力，可在没有成绩打底的情况下，能力反而成了花架子，而成绩却是硬通货。

在接下来的日子里，赵老师心领神会。虽然他是教语文的，更应该培养学生的阅读能力与写作能力，着力于学生文学素养的提高，但为了在月考和期末考试中站稳脚跟，不让他人，尤其是学校领导，认为自己无能，更为了明年能够顺利地从高一过渡到高二，他也开始在课堂教学中死抓知识点。为了让学生能够在语文考试中有上佳的表现，他不惜在教学中断章取义，更不惜牺牲学生的原创能力。如此一来，赵老师的班级成绩上升明显，离带教老师都不远了。可赵老师反倒觉得越来越没有成就感，和学生之间的关系也日渐疏远，而且这种感觉是学校管理者对其成绩的认可和表扬所无法弥补的。更重要的是，虽然他获得了越来越好的成绩，但这是不可持续的，其专业发展也将因此而陷入策略化而非能力化的困境之中。

赵老师的经历，应该不只是个例，而是一种普遍现象。对于绝大多数教师来说，课堂上的有趣与知识上的有效，的确是一对矛盾。让课堂变得有趣需要时间去激发，也需要教师的智慧投入；让知识变得有效需要时间去训练，也需要教师的精力投入。可是，不管是课堂上的时间，还是教师的智慧与精力，都是有限的。如果投向了课堂的有趣，就难免要牺牲知识的有效；如果投向了知识的有效，就难免要牺牲课堂的有趣。那么，在课堂的有趣与知识的有效之间，究竟选择哪一个更有价值呢？从长远来看，从对教育理想的追求来看，肯定是课堂的有趣更有价值；但是，从眼前利益来看，从学校考核来看，从教师被认可来看，肯定是知识的有效更有价值。最终教师如何选择也就不再有疑惑了，因为人总是从眼前活到长远的，总是先过了学校的考核关，先得到别人的认可，才可能去追求自己的教育理想。

二、课堂有趣对知识有效的支撑

要在短期内取得成绩，究竟是学科兴趣重要，还是学科知识重要？个人觉得，学科兴趣不重要，学科知识也不重要，因为重要的是学科知识点。之所以把学科知识点和学科知识分开，是因为有了学科知识点，并不必然能够形成学科知识，还得看有没有逻辑与思维去把学科知识点串成学科知识。可惜，当前的各种阶段性考试，并不是考学科知识，而是考学科知识点，从而把将学科知识点串起来的逻辑与思维排斥在外。但是，最终的大考，比如中考和高考，虽然也会考查学生对学科知识点的掌握情况，但要在这些选拔性考试中胜出，还是要看谁能够把学科知识点串联得更好。这时候我们就会发现逻辑与思维是多么重要，可事到临头，再怎么抱佛脚也没有意义了。

如果只是让学生掌握学科知识点，最实用的方法就是训练。因为学科知识点的掌握只是量的增加，而量的增加显然主要靠记忆和熟练程度，这就为训练留下了空间。然而，学生掌握的学科知识点越多，他复习和巩固的负担也就越重，他要进一步掌握学科知识点的边际成本（每多掌握一个知识点学生必须付出的成本）也就越大，这就难免让学生觉得枯燥和沉重。按照心理学的研究成果，人的记忆单元大致是 7 ± 2，也就是 5 到 9 个。当我们只要求学生掌握学科知识点，而不对它进行串联时，学生有限的记忆单元是远远不够的。这就难怪教师普遍抱怨学生记忆力不好了。然而问题不在于学生的记忆能力太差，而在于他们需要记忆的单元太多。所以，如果赵老师希望自己的学生能够在将来的大考中取得好成绩，而不是在眼前的月考和期末考试中取得好成绩，那么，除了训练学生掌握学科知识点之外，还有必要考虑如何培养学生的学科逻辑与思维能力。

谈到培养学生的学科逻辑与思维，就少不了对学科兴趣的探讨。要让学生对学习有兴趣，的确需要教师采用一些外在于学科知识的方法，姑且称之为外包装与广告效应。毕竟学科知识并不是学生现在就用得着的，要让他们牺牲当下的时间来掌握学科知识，他们肯定不愿意，所以教师既要向他们说明这些学科知识的未来价值，又要将这些学科知识与学生的日常生活联系起来，从而激发他们对学科知识的外在兴趣。在这一点上，相信大多数一线教师都有经验与体会。在每堂课的课堂切入时，对学科知识的包装都特别重要，因为这决定着学生能否将注意力集中到课堂上。

广告虽然可以吸引消费者关注某个产品，但真正让这个产品具有吸引力的，仍然是其内在的价值。同样的道理，对学科知识的简单包装与广告宣传，应该止于学生对学科知识的外在兴趣。要让学生对学科知识有持久的兴趣，就必须用学科知识的逻辑与思维来锻炼学生，让他们在对学科知识点的串联过程中获得成就感，并通过对学科知识的整合来提高他们的能力。对于绝大多数学生来说，如果只是机械地掌握学科知识点，那么离开课堂就只是迟早的事，要么是因为这样的学习太无趣，要么是因为自己的记忆单元容不下这么多的学科知识点。真正能够在课堂中坚持下来，且仍然兴趣盎然的学生，肯定是掌握了将学科知识串起来的方法的学生，也只有他们才能够真正体会到学科知识的乐趣与价值。

因此，课堂有趣包括两种情况：一是把学生的注意力从其他地方吸引过来的外在兴趣，这种兴趣有比较价值，但并不一定有内在价值；一是真正吸引学生的课堂教学的内在兴趣，这依赖于学生在学科知识学习过程中对逻辑与思维的把握与练习。这两种兴趣缺一不可，但绝不应该仅止于第一种兴趣。

三、知识有效对课堂有趣的转化

很久没有打电脑游戏了，终于狠下心来，在网络上找了个玩摩托的小游戏，准备玩它一个下午。一开始玩的时候觉得蛮有意思的，至少比"爬格子"带劲。可是，玩了不到一个小时，就开始觉得没意思了，除了得分越来越高以外，并没有给自己带来更有价值的东西。最终还是放弃了游戏，重新开始看书与写作。所以，要吸引学生的兴趣，我觉得还是比较容易的；可是，要巩固学生的兴趣，那倒真是一件不容易的事情。

不管做什么事，真正能够巩固兴趣的，一定是这件事情能够为你带来有价值的东西。也就是说，不管过程有多大的乐趣，如果没有结果的话，那不过是浪费时间而已，是难以让人产生持久的兴趣的。要让学生在课堂上有持久的兴趣，就得让他们在课后有真正的收获，而且觉得这种收获是可持续的，对自己的功效是长久的。也就是说，除了用外在的手段培养学生的外在兴趣之外，更为核心的，是用学科知识的有效掌握来培养学生对学科知识的内在兴趣。

何谓学科知识的有效掌握呢？如果将学生掌握的学科知识与教学要求相比，那就会有一定比例的学生"没有掌握学科知识"。上个月带刚两个月的女儿去体检，每个小孩体检完了后，医师就会对着一个表，说这个小孩的身高、体重等情况，我在旁边坐了大约一个半小时，几乎没有听到一个小孩是正常的。如此体检弄得每个家长都心惊肉跳，还不如取消算了。同样的道理，如果仅仅将学生掌握的学科知识与教学要求相比，甚至和别的学生掌握的相比，那么有成就感的学生永远只是少数。如果总是做一件没有成就感的事，你还会有长久的兴趣吗？因此，要看学生掌握了多少学科知识，要看他在学科学习这条路上取得了什么成就。即使与教学要求和别的同学相比，也只是为了更好地评价自己掌握学科知识的现状，为下一步作准备，而不是打击学生的成就感。

学生对学科知识的有效掌握，一定要与对学科知识点的有效掌握区分开来。前者是学生用自己的逻辑和思维把学科知识点组合成了一个整体，后者仅仅是对学科知识点的占有。的确，不管是对学科知识，还是对学科知识点的有效掌握，学生都可以从中获得成就感。但学生对学科知识的有效掌握具有可持续性，只有具有可持续性的成就感才会激发学生的内在兴趣；而对学科知识点的有效掌握并不具有可持续性，学生掌握的学科知识点越多，巩固的成本就越大，继续掌握学科知识点的难度也就越大，这样的学习不但不会激发学生的学科兴趣，反而会让学生离学科学习越来越远。

四、课堂有趣与知识有效间的互换条件

道理已经讲得够清楚的了，相信这些道理不止我一个人想得到，那么多一线教师，明白这个道理的一定不在少数，可为什么我们的课堂却一直那么沉闷呢？即使能够激发学生的兴趣，似乎也是停留在外在兴趣上，唯有那些所谓的大师的课堂，或者公开课，才能够时不时地让我们感受到学生的内在兴趣。而且，看起来沉闷的课堂牺牲的不只是学生的学习，教师的专业发展与专业情趣不也牺牲了吗？因此，要做好一件事，不但需要对如何做好这件事有正确的认识，更重要的，是要具备做好这件事的条件，否则，理想越美，受挫感越强。那么，要真正地促使课堂有趣与知识有效间的互换与互助，又需要什么样的条件保障呢？

在学校管理中，对课堂教学给予足够的宽容与期待，是促使课堂有趣

与知识有效互换的前提。经济学中有一个被称作交易成本的专业术语，意指为了达成交易所必须付出的代价。同样的道理，要让课堂有趣转化为知识有效，也必须为两者的转换预留足够的时间，这也算是一种交易成本。可是，现在中小学对教师的考核正好与此相反，考核的周期越来越短，而不是越来越长；教师教了初一不一定能教初二，教了初二不一定有机会教初三。如此一来，教师能够为学生提供的，除了对学科知识点的训练，就是对学科知识的外在兴趣的培养。这往往让学生既没有成就感，也没有学习的兴趣。

学生学习是从一个学科知识点到另一个学科知识点，再从众多学科知识点到学科知识结构。从一个学科知识点到另一个学科知识点，甚至到更多个学科知识点，是学生自己可以把握的；但从众多学科知识点到学科知识结构，就不一定是学生可以控制的了，离开了教师的引导恐怕是难以完成的。教师一定要学会从学科知识结构出发，来选择与重组学科知识点。当然，在学科知识结构的整合中，学科逻辑与思维能力起着关键的作用，这对教师提出了更高的要求。

在学习过程中，学生要善于反思与总结，这是促使课堂有趣与知识有效互换的主体保障。不管学校管理有什么变化，也不管教师教学有什么变革，一堂课学生究竟有没有兴趣，究竟有没有知识上的收获，最终的决定者仍然是学生自己。虽然学校管理会为教师的情趣教学提供空间与条件，教师也会想方设法地设计与实施情趣教学，但学生自己对学习过程的参与和体验才是其产生与维持兴趣的决定要素。在学习的过程中，不可能将所有的学科知识都与当前的生活联系起来，也不是所有的学科教学都能够与学生的兴趣一致，这时学生要能够调整自己去适应，并在适应过程中反思与总结，并以最终的成就感来激发自己下一步的兴趣。遗憾的是，学生注重的往往是考试结果。对学习过程的反思与总结只有极少数学生有所关注，这也是为什么绝大多数学生感受不到学习过程乐趣的原因。

3. 考试成绩 = 学科兴趣 × 学习方法 × 学生智商

说到漫长的封建帝制，相信没有几个人有好感；而提到历朝历代的皇帝，却没有几个人不心向往之。只是从来不去想，如果没有封建帝制，又哪来春风得意的皇帝？在教育中，虽然没有人喜欢应试体制，但同样也没有人讨厌获得好成绩，不管是校长，还是教师与家长，学生也不例外。可是，在教育实践中，听得多的是对应试教育的讨伐，讲得少的是提高考试成绩所需要的教育智慧。大家对应试教育的讨伐是如此透彻与深刻，但对提高考试成绩所需教育智慧的探索却是如此肤浅与茫然。其实，在没有更好的教育评价体制之前，应试体制的存在是必然的。而正是大家适应与应对应试体制思路与方法的不同，造就了应试教育与素质教育。前者是机械的顺从，后者是智慧的应对。只有在缺少教育智慧的情况下，应试教育才会如此盛行。

一、"应试体制"并不等同于"应试教育"

我们是一个有着上千年应试文化与应试传统的国家。在漫长的封建社会里，科举制以及在科举制引导下的教育体制，曾让无数读书人饱尝艰辛，当然，也有不少读书人因科举制而改换门庭。今天对科举制的讨伐总是不绝于耳，甚至有人觉得正是科举制使得传统文化陷入今天的困境之中。难道科举制就真的一无是处吗？我想并不尽然。当科举制刚刚被发明并采用时，它堪称世界上首屈一指的"制度文明"，就连英国的文官制度都有抄袭科举制的嫌疑，毕竟它将选士的标准从"任人唯亲"变成"任人唯贤"了。可是，是什么让科举制成为社会进步的绊脚石，成为令读书人深恶痛绝的桎梏呢？在笔者看来，科举制作为选士制度，它的益处还是大于害处的。问题在于，当养士变得不惜牺牲养士自身的规律与教育品位，而机械与盲目地追求科举考试的成功时，这种急功近利的养士行为不但害了养士活动自身，还把科举制这种取士活动也给毁了。

有了高考，有了中考，并不必然就会有应试教育。在没有更好的对初中毕业生与高中毕业生进行区分的手段之前，高考与中考就是最好的方式。尽管它们还有很多不足，但它们是目前最完善的选拔制度。目前，通过高考与中考来实现"取士"的目的，仍然是必要的。因此，我们的核心任务并不是去抱怨与批判作为"取士"活动的高考与中考，而是如何采用更为有效与更为科学的方法去实现教育目标。对高考与中考的抱怨，只会让学校教育离教育目标越来越远，而不会让学校教育更乐意、更科学地走近教育目标；对高考与中考的批判，只会让学校教育将教学责任归罪于高考与中考，而不会让学校教育更有效、更有智慧地提高学生应对高考与中考的能力。

有了应试的"取士体制"，并不一定会形成应试的"养士模式"，说得更直白一点就是，有了应试体制，并不一定会形成应试教育。如果把应试教育的棍子，打在应试体制的身上，就实在是委屈了应试体制，同时也就宽恕了应试教育的始作俑者。希望学生能够享受学习过程的乐趣，并在学习过程中展现自身的价值，这是最具人性色彩的教育理想。但我们不能只要求学生享受学习过程的乐趣，也需要他们在适当的时候用学习结果来证明自己的能力与价值，这就是考试存在的必要性。可是，帮助学生用不同的方式与过程来应对考试，则分化为素质教育与应试教育两种"养士模式"。当我们着力于调动学生的学习兴趣，并通过科学方法来帮助学生应对考试时，学生不但赢得了好成绩，还体验到了学习过程中的乐趣，这就是素质教育。当我们着力于强调学生的学习行为，并通过训练与操练的方式来提高学生的考试成绩时，学生有可能赢得好成绩，但肯定感受不到学习过程的乐趣，并因此而讨厌与远离学习活动，这就是应试教育。因此，应试体制既有可能催生素质教育模式，也有可能催生应试教育模式，真正的决定者不是应试体制，而是掌控并参与学校教育过程的人。

二、决定学习成绩的要素及其功能

学习成绩是学生学习过程中诸要素综合作用的结果。对于作为教育者的教师来说，重要的是分析影响学习成绩的学习要素，并进一步明确这些要素及其相互作用的机制。当我们认识到影响学生学习成绩的学习要素有哪些时，就可以改变那些可以改变的学习要素，并理性地放弃那些可能重要但却无法改变的学习要素。当我们认识到学习要素间的作用机制时，就可以合理地配置学习要素，组织课堂教学，调整教学策略，有效地提高教学有效性。

影响学生学习的要素是纷繁复杂的，不管是外在的学习环境，还是内在的学习潜质，都不是我们能够完全探明的。于是，我们只好明确与学生学习成绩有直接影响的要素，将那些间接的或者潜在的影响因素视为这些直接因素的支持力量。比如说我们视学生的学习环境与学习氛围为学生学科兴趣的支持力量，视学生的学科智力为学生智商的支持力量，视教师的课堂教学为学生学习方法的支持力量，视教材为学生学习方法（对学习内容的组织方法与策略）的支持力量。如此一来，影响学生学习成绩的要素就变得简单起来，大致包括学生智商、学习方法与学科兴趣。当然，此处的三大学习要素，不仅仅包括它们自己所代表的内容，还包括这三个领域中存在的所有教育力量。

需要强调的是，我们并没有把教师与教材当作影响学生学习的直接因素，而只是把他们当作背后的支持力量。为什么要这样做呢？道理很简单，在一个班上，成绩最好的学生与成绩最差的学生都是同一个教师教的，他们用的也都是同一本教材。这是否可以说明教师与教材只是在帮助与支持学生，其教育功效的大小，既取决于教师的教学水平与教材的编排质量，又取决于学生本人对这两项重要的支持力量的吸收与使用效率呢？长期以来人们都把教师与教材当作影响学生学习成绩的直接因素，恐怕这种认识本身就有问题：太过于强调教师与教材对学生学习成绩的影响，甚至在某种程度上用教师与教材来替代学生的自主学习，从而忽略学生自主学习的力量。

教育只能从可以改变的地方做起。在完全不可改变的地方，哪怕再强势的教育也很难发挥功效；在容易改变的地方，哪怕再弱势的教育也可以产生影响。我们经常付出了很多，但收获却很少，这很可能是因为我们在很难改变的地方停留得太久，却忽略了容易改变的地方。当我们看见有些教师事半功倍的时候，除了羡慕人家有天赋与机遇外，是不是应该学习他们对学习要素的选择策略与智慧呢？在三大学习要素中，最难改变的应该是学生智商，甚至可以说它是完全不可改变的要素。教师生气时，往往会责问学生"你为什么这么笨"。关于这个问题，不但教师不知道答案，学生自己也不知道答案。学生"这么笨"，既不是教师的过错，也不是学生的过错。而且，它是一个既成事实，是学生与教师都无法改变的事实，就连学生家长也改变不了。所以，学校教育就不要寄希望于通过改变或者抱怨学生的智商来提高教育质量了，对学生智商的抱怨越多，结果不是学生越来越喜欢学习，而是越来越不喜欢学习，直至使学生对自己的学习能力感到绝望。

我们改变不了学生的智商，但能够改变学生对待自己智商的态度与使用它的方法。学习方法对学习成绩的影响是非常明显的，在方法不对的情况下，学生在学习上的投入越大，学习成绩的增量却越小。这就是我们讲的事倍功半的学习状态。在这种低效的学习过程中，不但学生的成绩不见增长，更重要的是学生往往会因此而丧失学习的信心。在方法适当的情况下，学生在学习上的投入稍微多一点，学习成绩的增量就会增加很多。这就是我们讲的事半功倍的学习状态。在这种状态中,不但学生的成绩会提高,更重要的是可以塑造学生的学习自信心。我想,对学习方法的重要性再怎么强调都不过分。真正的问题在于,学习方法是否可以在教师与学生间进行迁移,是否可以在学生群体中予以统一。教师总是希望把自己曾经取得成功的学习方法或者自己在教学工作中提炼出来的学习方法教给学生,但是,由于学习方法有一定的情境性与综合性,教师与其他同学成功的学习方法,并不一定是学生自己走向成功的捷径。对学生来说,找到适合自己的学习方法是取得学习成绩的前提,这些方法可能和教师的相同,也可能和教师的不同;可能和其他同学的相同,也可能和其他同学的不同。因为教师和其他同学成功的学习方法对他来说,只具有借鉴意义,并不能照搬过来。

在学生的学习要素中,最容易改变的是学生的学科兴趣。如果要学科教师保证学生考出好成绩,相信没有哪个教师能够做到,再说,这也不是学科教师力所能及的事。但是,让学生对自己所教学科感兴趣,却是学科教师力所能及的事。在学科教学中,教师与学生间是"专业教练"和"业余选手"的关系,学科知识是学科教师安身立命的本事,所以学科教师更能够体会到所教学科的重要性,于是更容易以学科的专业价值来要求学生学习。可是,学生只是业余选手,面对那么多的学科,他们不可能对每个学科都有兴趣,而且他们也很难意识到哪个学科更有价值。他们对某一学科喜欢与否,很少以其专业价值为标准,一般是以之是否对他们的胃口为标准,在这一点上,学科教师的教学风格甚至学科教师自己的生活态度都起着至关重要的作用。

三、探索提高"考试成绩"的智慧之路

考试成绩的重要性是大家有目共睹的,但提高考试成绩的方法却让大家头痛不已。一旦谁说出了某个方法,其他教师就会用自己独特的教育环境与具体的学生情况来予以抵制。尽管每个教师都有一套方法,但所有的

方法都处于经验的层面，都处于见木不见林的层次。正因为如此，教师们容易在方法与策略上"吵"起来。就好像"瞎子摸象"一样，每个人都只摸到了大象的一个部分，所以会吵起来；如果大家都摸到了全部，也就没有吵的必要了。因此，提高学生考试成绩并不是方法与策略的问题，而是一种系统的思考与富有远见的规划。影响学生考试成绩的三个要素，相比较而言，情感最容易改变，方法其次，而智商基本上不可改变。可到了教育实践之中，哪怕是最容易改变的情感，也变得不容易改变，在这一点上很多教师都有同感。

在教育实践中，如果我们对提高学生的考试成绩缺少系统的思考，就会一个要素接着一个要素地改变。可是，并不是只要增加了学生的学科兴趣，或者丰富了学生的学习方法，学生的学习成绩就会提高。这些要素是相互影响的，它们之间是乘法关系，而非加法关系。乘法需要我们综合考虑各因子间的增量问题，因为其中任何一个因子过小都会影响整体的"积"。

在教育实践中，如果我们对提高学生的考试成绩缺少长远的规划，就会选择能够解决眼前问题的方法与策略。学生有了学科兴趣，肯定有利于学习成绩的提高。但要让学生在一两个学期之内，甚至在一两天之内，从无至有地产生学科兴趣，却不是一件容易的事。于是，当我们在短时间内看不到培养学生学科兴趣的结果时，就只好用强迫来替代学科兴趣。虽然人人都知道强迫是学科兴趣的天敌，但强迫在短期内对改变学生的学习态度却是非常有效的，尽管它会让学生日后更讨厌这个学科。同样的道理，要丰富学生的学习方法，也需要很长的时间。为了追求短期的教育目标，只好用训练来替代学习方法，虽然这不利于培养学生的学科视野与学科能力。是故，如果要求教师对学生三年甚至六年的学习负责，那么，很多教师就会从培养学生的兴趣与方法着手；如果要求教师对学生的月考或者每学期的期末考试负责，那么，教师选择强迫与训练的方法也就不足为奇了。有一个经典的说法——明知这种教学方法是饮鸩止渴，但是要让我们在渴死与毒死之间进行选择，我们情愿先止渴再被毒死。

因此，要提高学生的考试成绩，既需要教师有系统而又长远的思考与规划，又需要学校为教师落实这些系统思考与长远规划提供足够的规章制度保障，至少学校的规章制度，尤其是评价制度不要限制教师的系统思考与长远规划，否则就会使教师在提高学生考试成绩的过程中患上"近视眼"。其实，提高学生考试成绩的智慧之路，永远都是系统而又长远的路。只是我们的思维与眼界受到限制，所以才看不到这条智慧之路。

4. 课堂活动 × 教师定力 = 课堂活力

在众人的印象中,课堂上的沉闷挥之不去,课堂上毫无生动活泼的趣味。其实,随着课程改革深入人心,虽然今天的课堂还没有发生翻天覆地的变化,但活泼的元素还是增加了不少。如果说课改前我们最操心的是教师有没有搞活课堂的想法,那么课改后的今天,最操心的是教师有没有搞活课堂的能力。要让教师的课堂真正活起来,不仅仅在形式上要动起来,更重要的是在内容上要动得有价值起来。今天那些大放异彩的公开课,处处都显现出课堂活动设计的精妙,哪怕是完全陌生的学生,也可以让他们投入其中,但这样的课堂又具有多大的教育意义呢? 它的形式与教学目标是否相一致呢? 它与教育目的又相隔多远呢?

一、有了活动并不一定有活力

一堂死气沉沉的课,无论如何都不可能被评为一堂好课;但一堂活泼的课,也不一定就会比死气沉沉的课好,它有可能大大地好于死气沉沉的课,也有可能大大地差于死气沉沉的课。当我们的课堂总是死气沉沉的时候,自然就会把课堂的低效归因于课堂形式的单调;但是课堂活泼之后,并不必然就能提高课堂效率。课堂活动是一把双刃剑,如果设计得到位,可以大大提高课堂效率,但如果设计得不到位,反而会降低课堂效率。课堂活动的价值，并不仅仅在于让学生在课堂中活起来，更重要的是让学生在课堂上的学习变得有力起来，此处的有力既包括身体上的有力，也包括学习思维上的有力。

要让学生在整堂课中都保持学习活力，这并不是课堂活动的形式，而是课堂活动的目的。学生为什么要听课，这是每一位教师都必须思考并予以回答的问题。如果单纯把课堂目的理解成掌握学科知识，那么，这样的课堂目的对学生的确不具有吸引力。课堂目的肯定包括掌握学习知识，但还包括很多被我们忽视的东西，比如学生在课堂中的群体归宿感、学生在学习过程中的自我价值认同感，等等。经常在课堂上发现这样的情况——教师向学生提问，但学生回答问题后，教师的后续讲课又和学生的答案无关。这样的活动越多，学生离课堂反而越远，因为他会感觉自己被教师利用了，而自我的价值却并没有得到认可。

并不是所有的课堂活动都能够激发学生的学习活力，关键得看学生在参与课堂活动之后的收获与表现，而不是看学生在课堂活动中的活泼程度。曾经听过一节数学课，老师让同学们讨论一道题目，班里热闹不已，公说公有理，婆说婆有理，到最后老师自己也没有得出一个结果。下课后问老师，为什么会花这么长的时间让学生讨论一个没有结果的问题。他说这样讨论就是为了培养学生的多元思维和创新能力！还曾听过一堂作文课，老师把学生分成两组，让他们分别描述鲁迅的外貌；写完后彼此不交流，但交换自己的写作成果，在借鉴别人写作方法的基础上再修改自己的成果，如此反复了两三次。整个课堂表现得安安静静，也看不到同学间的互动，但正是这种思维上的互动，让同学们对这样的作文课乐此不疲，收获自然也是满满的。

二、用课堂活动展现教师定力

教师这个行业，是一个挺委屈人的行业。常话说得好，你要给人一瓢水，你自己得有一桶水。用这句话来鼓励教师努力学习是有用的，但当我们正视这句话时，就会觉得教师实在是够委屈的，当你辛苦地准备了一桶水时，学生却只需要一瓢水，工作成本也太大了。另外，正因为教师准备了一桶水而学生只需要一瓢水，所以，教师也就没有兴致去继续准备更多的水。因此，要提高课堂教学效率，既需要教师不断地武装自己，让自己在课堂教学中更有定力；也需要教师找到更多更好的方法来展现自己的知识与能力。

当教师并不是一件容易的事，之所以不容易，并不是因为课不好上，而是因为要把课上得更好，确实不是一件容易的事。如果我们是搬运工，今天锻炼好了身体，明天就可以搬运更多的东西；如果我们是车工，今天掌握了一种新的工作技法，明天就可以在工作中表现出来。可是教师却不是这样，哪怕你今天做高考题得了满分，你明天上课也不见得就有什么进步；哪怕你今天从别人那儿学到了十种教学方法，明天有可能一种也用不上。可是，如果因为用不上，我们就不再完善自己的知识结构，不再丰富自己的教学方法，那么我们就永远没有提高课堂教学水平的机会。面对课堂这块难啃的骨头，如果没有足够的实力，每堂课都会是一种挑战，可你越把课堂视作挑战，你上好课的概率就越低。只有储备了足够实力的人，在课堂上才会有"泰山崩于眼前而不眨眼"的定力。很可惜，正因为把课上得更好的成本是如此之高，取得成功的时间是如此之长，所以，绝大多数教师选择静观其变和维持现状。殊不知，当你静观其变时，你就得每天忍受课堂教学对你的挑战，毕竟教学定力来自长久的积累，而不是应付型的策略与方法。

要形成定力，固然不能对策略与方法寄予厚望；但要展现定力，要把自己桶里的水倒出来，掌握足够多的策略与方法就显得格外重要了。教师的学科知识一般是足够应付学生的需要的，但现实的问题是教师倒出来的学科知识，却难以满足学生的需要。学生一般不管教师储备了多少知识，他们只关心教师在教学活动中能够给予他们什么样的帮助，也就是教师能够倒出多少知识，或者说教师储存的知识沉淀出了多少实践智慧。因此，课堂活动并不是课堂教学的目的，而是实现课堂教学目的的手段。现在最大的问题，就是教师觉得沉淀定力太难，因此，几乎把所有精力都用在了课堂活动的设计上，使活动在课堂上反仆为主。

三、用教师定力提升课堂活力

同课异构已经成为当前学校教研中最为时髦的形式，每每参加这些活动，教师们都非常热衷于比较上课者活动设计与教学方法的优与劣，却对上课教师的知识结构与人生阅历只字不提。大家把同课异构仅仅当成活动的比较，而忽略了课堂背后教师能力与素养的差异。这样的活动并没有把教师引向自我定力的修炼，反而让大家过度关注课堂活动的设计与教学策略的选择，这只会把课堂教学引向"更多的活动"，而不是"更富教育意义的活力"。只有教师拥有了更系统的学科观、更生态的方法观，才可能让课堂焕发出真正的活力来。

活动只会让人动起来，而一系列的活动才会对人的塑造产生教育意义。把学科教学割裂成一堂一堂的课，在课与课之间找不到有机的联系；把一堂课割裂成一次一次的活动，在活动与活动之间找不到有机的联系，这样的学科教学会显得非常热闹，学生从一个活动忙到另外一个活动，教师也忙于设计不同的活动，但这样的学科教学往往会迷失在这些活动中，从而把预设的学科教学目标遗失了。然而，要把一次一次的活动串起来，要把一堂一堂的课串起来，需要的不仅仅是活动的方法与课堂的策略，而是学科教师对整个学科的系统把握和真正的教学智慧，也就是教师的教学定力。此外，在课堂中与学生交流时，如果只是一问一答，那只是让学生参与而已，只有使这些交流的话题与问题形成教育链条，才会对学生产生持久的教育影响。其实，学生在课堂中越是积极参与活动，教师越要有足够的定力来引导活动。可以用教师的活力来激发学生的活力，但只能用教师的定力来提升学生的学习活力。

以前有位英语老师问我，她班上既有考九十九分的，也有考九分的，她上课时应该照顾哪一类学生。我回答说，关键是看你上课的目的是什么。如果你上课是为了普及知识，那么既不是照顾九十九分的，也不是照顾九分的，而是尽可能地照顾你自己，把你想讲的都倒出来；如果是为了提高学生的认知，那么就要更多照顾九十九分的；如果是为了补差，那么自然就需要更多照顾九分的。因此，课堂教学活动并不是使用了哪一种方法，实施了哪一种活动就成功了，关键是使用的教学方法与组织的教学活动是否有利于教学目标的落实。有时一种教学方法或者一项教学活动可以实现几个教学目标，有时一个教学目标需要几种教学方法或者几项教学活动来实现，要把握教学目标与教学方法、教学活动之间的关系，除了要求教师要有设计教学活动的能力，更要求教师有把学科教学目标与课堂教学活动结合起来的智慧，而这样的智慧既不是靠掌握学科知识就可以得到，也不是靠对课堂教学活动策略的掌握而能获得的，这需要教师坚持不懈地学习与潜心研究，这就需要教师有定力。

课堂教学一定要有活力，只有这样的课堂才能够吸引学生，也只有这样的课堂才能够持续下去。在不同教师的课堂中，即使采用同一种教学方法，组织同一类教学活动，它所呈现出来的课堂活力水平与层次也不相同，这和教师的素养与智慧有关。今天的课堂教学，尤其是展现给他人看的公开课，缺的不是课堂活力，而是有品位、有效率的课堂活力。课堂活力总是以教师的定力为基础的，如果教师的定力浅，那么，他的课堂越是活泼，就越发显得庸俗；如果教师的定力深，那么，他的课堂越是活泼，就越有利于教学目标的落实。所以，说到底，课堂教学最重要的，并不是课堂本身热闹与否，而是支撑课堂教学的教师素养与能力如何，也就是教师的定力如何。

5. "与学生结盟"和"与教材为敌"

面对家里的"小皇帝",大家备感头痛的事情,居然是请他吃饭。在我们孩提时代,大人不是怕我们不想吃,而是怕我们太贪嘴,所以对于好吃之人,不是给予奖励,而是进行训诫。可现今,你越是鼓励孩子吃饭,孩子越是不吃饭;你越是训诫孩子吃饭,孩子越是愿意吃饭。孩子吃饭如此,学习是否也如此——你越是教他教材,他越是反感教材;你越是批判教材,他反倒越喜欢教材?站在课堂之外,不觉得学生、教师与教材之间有什么矛盾,因为课堂教学的目的,就是教师帮助学生更好地理解与应用教材提供的知识,三者在目的上是统一的。可是一旦具体到课堂教学过程之中,三者间的关系就远没有我们想象中的这么简单了。教师在课堂教学中真正应该做什么,还取决于教师自己对学生、教师与教材三者关系的准确定位。

一

传统的观点是,教学就是教教材;而新近的观点则认为教学并不是教教材,而是用教材。可是,不管是教教材,还是用教材,教师都是站在教材这边的。这似乎是不容置疑的,因为它既是教学的传统,也是教学的需要。

在没有纸与印刷术的年代,知识并没有外显的载体。在这种情况下,掌握了知识的教师,也就成了知识的代言人,成了知识的化身。在那个年代,教师有一个很重要的任务，就是把四书五经背出来，然后再让学生背下来。当然，这并不是教学的全部，但却是教学的开始。因为没有教师背出来的四书五经，或者学生记不住四书五经，那就缺少教学内容。正是受技术与条件的限制，死记硬背才成为最流行的学习方法，教师才成为教学内容的代言人或者化身。

其实，对于古人的教育，我们往往只看到了他们死记硬背的一面，而忽略了他们对这些经典著作的领会与实践。虽然他们往往搞不清楚是"我注六经"还是"六经注我"，但正是这种"搞不清楚"的状态，告诉我们他们对"六经"的学习，远不止"死记硬背"，相信那时候的教师也不只是"六经"的代言人。事实上，不管是学生的死记硬背，还是教师作为教学内容的化身，并不是教育教学过程的本来之义，而是开展教育教学活动的前提——获得教学内容。因此，教师成为教学内容的化身与代言人并不是教育进步的象征，而是教育教学技术落后的必然要求。但这种情况现在仍然存在，尽管教师与学生手上都有教材，可教师仍然是教材的捍卫者，并通过教学参考书与考试内容来予以巩固。

二

教师就是教师，教材就是教材，教师若成为教材的化身，也就丢失了自己。在现代，如果教师仍然以教学内容的代言人自居，那么，教师在课堂教学中碰到的问题就严重了。换句话说，这只是继承了古人教学中受技术约束的一面，却丧失了古人教学的本义。

不要因捍卫教材而丢失了自己

我们对书本上的知识有种天然的敬畏感，当然最敬畏的就是教材了。书上讲的都是对的，为什么会有这种印象呢？有一个并不直观的原因，这就是我们读书的时候认为教材上讲的都是对的。为什么认为教材上讲的都是对的呢？因为老师就是这么说的，而且老师还说教材都是经过无数专家审核过的，怎么可能是错的呢？再说，即使教材是错误的，考试的时候还是得参照教材，这不就等于说教材永远都是对的了吗？可是，当教师拼命捍卫教材时，教师自己呢？在学生眼中，教师只不过是教材的"传声筒"而已，说得更难听一点，教师就是教材的"卫道士"。于是，教师不再是一个具有鲜活个性的人，不再是一个具有个人智慧的人，难道这样的教师就是学生的学习榜样吗？无怪乎很多学生说，我才不想读这么多的书呢，越读越呆板，越读越不近人情，就像我们的某某老师一样。诚然，这样的学生过于偏激了，但在批判学生过于偏激的同时，我们是否也要想想自己是不是真的存在这方面的问题或者有这方面的发展趋势呢？

不要因拘泥于教材而变得教条

每到一个地方，都提倡教师要驾驭教材，重构教材，并尽可能根据学校与班级的情况再造教学流程。可是得到的答复，总是教材都是专家编出来的，我们可能比他们做得更好吗？教学过程就更是如此了：上有课程大纲的规定，下有学校教学计划的约束，对于具体的教师来说，还有再造教学流程的必要吗？是的，如果我们不必重构教材，不必再造教学流程，那么，我们直接按照教材规定的内容与程序就可以开展教学活动了。可是，教材就那么神圣、科学，以至于同时适用于全国上千万的学生吗？教材有其成功的一面，比如对知识的选择与组合，可是也有失败的一面，就是对学校与班级学生的适应。书上写着"学而时习之，不亦说乎"，可是学生的体验却是学习哪有快乐可言呀！你说是教材对，还是学生的亲身体验对？当你拘泥于教材时，学生会认为你是在教学，还是在教条呢？教师对教学内容的教条还是容易理解的，但较难理解的，是教师对教学流程的教条。当然，学校的教学常规管理也要承担一定的责任，甚至在有些学校是主要的责任。初中教师经常抱怨学生小学知识没有学好，高中教师经常抱怨学生初中知识还没有掌握，可是我却很少听到初中和高中教师在课堂教学中采取什么策略去适应学生。学生受力分析还没有学会,就继续学动量守恒;动量守恒还没有理解,能量守恒又开始了。教师在课堂上唯恐教学任务不能完成,于是锲而不舍地去完成,哪怕吓跑了学生也在所不惜。

不要替代教材而成为学生的敌人

小时候看电视或者电影时,总喜欢问一句话:他们哪个是好人,哪个是坏人呀?长大了,才知道好人与坏人并没有必然的分界线。毛主席的《矛盾论》告诉我们事物总有主要矛盾与次要矛盾,我们应该抓住主要矛盾,不要拘泥于次要矛盾。当我研究课堂时,就要想:课堂中的主要矛盾与次要矛盾是什么呢?我想,主要矛盾应该是学生的学习能力与教材的内容深度之间的差距,次要矛盾应该是学生学习模式与教师教学风格之间的差异。因此,当教师成为教材的化身与代言人时,教材反而退居二线,这样课堂教学中的所有矛盾与敌对态度都转化到了教师身上。本来学生恨教材,因为教材太难学,当教师成为教材的化身时,学生就责备教师不会教教材了。本来学生与教材之间的矛盾是主要矛盾,现在却因为教师的越位与教材的缺位,而使得学生与教师间的次要矛盾升格为主要矛盾了。

三

教材始终是学生学习的对象,而教师则是教材与学生的中间人。教师有三种定位:其一,团结教材而进攻学生,这时教师与教材形成文化共同体,学生往往因为读不懂教材而被教师责备。其二,团结学生而进攻教材,这时教师与学生形成文化共同体,成为教材难学的共同遭遇者。当学生读不懂教材时与学生同行,甚至不惜责备教材选材不当或者编得不好。其三,成为课堂中的陌生人,看学生与教材恶斗不止,而自己坐看"风景"。在这种情况下,学生往往与教材结为利益共同体,既不怪教材选编得不好,也不怪自己没有学好,只怪教师没有尽到教学责任。一般情况下,教师都不会选择成为课堂中的陌生人，因为这个角色既不能体现教师的价值，又要让教师承担教育过程中的所有责任。

　　教师团结教材而进攻学生，这是绝大多数教师的选择。道理很简单，教师若与教材结盟，就可以借助于教材的权威来要求学生好好学习，就可以借助于教材来安排与实施自己的课堂教学活动。在这种情况下，即使教学失败了，责任也是学生的，教师只要忠于教材就行。可是，当教师选择了这种模式时，教师既没有承担教学责任的必要，也没有批判与研究教材的必要，结果教学就越来越低效了。

　　教师团结学生而进攻教材，这是极少数教师的选择。道理也很简单，教师如果与学生结盟，那么，必然要成为进攻教材的主导者。要进攻教材，教师就要掌握三项本事：读透教材、补充教材与批判教材。由于教材上的知识往往是节选或者浓缩的，教师要读透教材，就必须理解教材知识的来龙去脉；要补充教材，就必须知道教材知识与其他知识间的横向联系；要批判教材，就需要对教材知识有自己的见解与判断。这对教师的要求似乎太高了，无怪乎苏霍姆林斯基说要用一生来备课，也无怪乎人们常说，给学生一碗水，教师需要有一桶水。虽然这种选择加重了教师的责任，对教师的要求也大幅提高了，但这却是教师走向成功的捷径。成功的课堂，就是教师带领着学生，富有智慧地读透教材、补充教材与批判教材，而不是对着教材顶礼膜拜。

　　要让课堂教学不再依赖教材，要让教师在课堂教学中焕发出自己的生命活力，就需要教师与学生结盟，共同去征服教材展现的知识世界，并在征服教材的过程中让学生享受到获得知识的乐趣，让自己享受到体现教育价值的幸福。因此，课堂教学需要教师向学生讲解教材上的知识，更需要教师与教材为敌，去补充与批判教材。这样的课堂才会一片火热，这样的课堂才会智慧满堂，这样的课堂才会焕发师生的生命活力！

6. 用"学生德育"提升学科教学

对学科教师，有两种不同的理解：一种观点认为，学科是对教育功能的分化，即教师只对学科教学负责；另一种观点认为，学科是对教育功能的延伸，即教师不但要教育好学生，还要对学科教学负责。在教育实践中，为了完成教学任务与履行学校规章制度，教师们更乐意选择前者；为了更好地搞好教学与促进学生全面发展，教师们更乐意选择后者。持有不同观点的学科教师，就有着不同的教育教学表现，自然就会产生不同的教学效果，但并不见得所有的教学效果都是我们所期望的。

一、"学生德育"在"学科分化"中滑落

笔者读了六年小学，却只有一位教师，他一个人承担了我们小学所有年级的所有课程。在学校中，他就是教育的全部，不但要管我们的学科学习，还要管我们的日常生活。回首小学，他印在我们心灵中的，与其说是那些学科知识，还不如说是我们共同的生活片段。那时我们根本不知道学科学习的重要性，只是跟着感觉走，而影响我们学习感觉的，并不是学科知识的难易程度，而是教师对我们的关心程度。教师一人教着所有学科，反倒让我们觉得他并不特别重视学科成绩，而对于学习态度与学习兴趣倒是特别关注。记得他常讲的一句话是：你学得好不好并不是你的责任，但是否认

真地学就是你的选择了。

后来上了初中，有好多学科教师，每位教师都致力于自己的学科教学，虽然他们也会关心我们的日常生活，但主要关注的却是学科成绩。每个学科都有一位教师，我们明显感觉到教师的学科教学水平比较高，他们对学科的理解与学科教学中的技能技巧比小学教师也强了许多。但是，教师们对我们的日常生活却没有那么关心了，而且他们对我们的态度会随着我们学科考试成绩的变化而变化，让我们很难把握他们对我们的真情实感。在这个方面，小学教师就强多了，他对我们的态度是一致的，不会因为我们一两次考试成绩的优秀而笑逐颜开，也不会因为我们一两次考试成绩的糟糕而怒气冲天。也不知道是因为学科教师更关心我们的学科成绩，而我们的学科成绩并不总是让他们满意，从而疏远了师生关系；还是因为关心我们的教师多了，我们有了对不同学科教师的比较，而喜欢一些学科教师，不喜欢另外一些学科教师，喜欢的总是少数，不喜欢的总是多数，从而疏远了师生关系。不管原因如何，客观事实是，有了分科教学之后，教师的学科教学水平肯定是高了，但我们对学习的态度与兴趣却并没有因此而得到提升，反倒是觉得少了昔日的天真与乐趣，多了学习的压力与功利。

班级中的学科教师多了，关心我们的教师也多了，但我们却觉得教师离我们越来越远了。小学教师对学习态度与兴趣的关心胜过学习成绩，可初中学科教师对学科成绩的关心却胜过对学习态度与兴趣的关心，这让我们感受到了教师对我们的关心中所含有的"功利"成分。而且，学科教师对学生喜欢与否，很自然地以学科成绩为准，而学生为了获得教师对自己的喜爱，也就不得不专心致志地追求学科成绩了。可一旦以远离日常生活为代价来强化学科学习，学科学习本身就失去了在生活中的意义，学生在学科学习中也就很难感受到学习的内在乐趣与成就感，学科学习就只是赢得教师与家长表扬的一个砝码而已。因此，与其说学科学习的目的是为了自己的未来，还不如说学科学习就是为了提高考试成绩，最多也就是为了赢得学科教师对自己的喜欢，毕竟未来是虚无缥缈的，而当下的学科成绩与教师的喜欢却具有现实的生活意义。

二、学科教学在"压力与功利"中前行

教育至少应该包括三个层次的内容：一是对学生学科知识的授受，我们称之为传授；二是对学生学科兴趣的激发与学习方法的指导，我们称之为教学；三是对学生全面发展的引领，我们称之为教育。在班级只有一位教师的时候，不管是有意还是无意，这位教师必然同时承担着这三种功能，学生不但向教师学习学科知识，而且往往会模仿教师的言行与生活。可是，当班级有多位学科教师时，情况就完全不一样了。由于学生的学习被分化为不同学科，此时学科教师要么通过教育功能的落实来实现学科教学与学科知识的传授，要么直接实施学科知识的传授。很显然，前者肯定比后者效果更持久，也更富有教育意义，但是，前者要求教师付出的成本也更高昂，后者虽然效果并不持久，但却更为直接，让学科教师能够及时地看到效果。因此，也就难怪在学生的学习被分化为不同学科的情况下，学科教师情愿放弃教育功能，甚至还会放弃教学功能，而直接实施学科知识的传授了。

事实上，学校的规章制度也认可了"学科教师只对向学生传授学科知识负责"的事实。学校考核学科教师的标准仍然是学生的学科考试成绩，至于教师在提高学生学科考试成绩的过程中，是否落实教育功能与展开教学活动，似乎并不重要。有位分管教学的副校长曾经说过，要让教师提高学科考试成绩就已经够为难他们了，更不要说还去规范与管理他们究竟用什么方法来提高学科考试成绩了。这种考核制度，也就默认了教师只对学生学科知识的授受负责，并不对学生的学科兴趣与全面发展负责。可是，谁来对学生的学科兴趣与全面发展负责呢？学校为了让学科教师专心致志地向学生传授学科知识，就在学科教师中挑选出一些优秀者或不够优秀的志愿者，将他们命名为班主任老师，让他们承担激发学生学习兴趣与促进学生全面发展的教育功能。有了班主任老师的存在，学科教师就可以在制

度和教育职责上，安心地放弃对学生学科兴趣与全面发展的责任了，因为大家都认为这两者是学生德育的重要内容。

有时学科教师上完课，怒气冲冲地对班主任老师说：你这个班怎么没有几个学生爱学习呀！班主任老师只好向学科教师表示歉意，然后再去教训那些"不爱学习"的孩子。为什么会出现这一幕呢？我想，在很大程度上是因为大家默认了学科教师不对学生的学科兴趣负责任的事实。可是，如果学科教师不对学生的学科兴趣负责，那又靠什么来保障学生持续不断地开展学科学习活动呢？在这种情况下，教师只好告诉学生，自己所教的知识都是要考试的，如果不按照要求开展学科学习活动，在各级各类考试中就可能得不到理想的分数，而这样的后果是很严重的，比如不能上大学，不能获得理想的工作，等等，从而将学生持续开展学科学习的动力寄托在这种外在压力之上。还有一种让学生在没有学科兴趣的情况下开展学习活动的方法，就是用学科学习的结果去诱惑学生，因此，也就难怪大家通常把"书中自有黄金屋，书中自有颜如玉"肤浅地理解为"读书就是为了赚大钱与娶美女"了，殊不知，在古人的眼中，这句话的原意似乎应该是"读书的感觉就像住在黄金造的屋子里一样舒服，读书的感觉就像娶了美女一样开心"。其实，古今中外的优秀读书人，发了大财与娶了美女的还真是不多，而一生清贫，甚至终身未婚的还真是不少，这岂不是应验了对这句话的后一种解释？

当学科教师只对向学生传授学科知识负责时，教师的工作越勤奋，越对学生的学科成绩负责任，在课堂教学中越是强调学科知识对考试成绩的重要性，学生就越能感受到教师的功利与肤浅，也就越不愿意主动地接受教师意欲直接塞给他们的学科知识。正是这个矛盾的过程，让教师们普遍责备"今天的生源质量越来越差"，让学生们普遍责备"今天的教师教学水平越来越低"，于是，师生关系越走越远。尽管在教与学的路上越走越艰辛，但获得教育成就的机会却越来越渺茫。在没有学科兴趣作支撑，没有学生全面发展为目标，没有让学生对自己的未来有更美好追求的情况下，就直接向学生传授学科知识，使得学生一开始就被置于被动接受的地位。哪怕学科知识对学生的未来发展非常重要，学生在这个被动的位置上也不会感受到接受学科知识的幸福；要让学生牺牲十几年的学习乐趣去换取十几年后的学习成果，这恐怕真不是普通学生的智慧与意志力所能够接受得了的。换句话说，教师向学生传授学科知识本身并没有错，错在教师在传授学科知识的过程中，使用的教学方法离学生现实生活中的乐趣太远，传授学科知识的目的离学生的幸福生活太远。

三、让学科教学从"学生德育"起步

要恢复学科教学的教育性，就必须让学科教学从"学生德育"起步。虽然学科教师只负责学生的学科学习，但学科教学的最终目的却是让学生全面发展。也就是说，虽然学生要一门一门地学习学科知识，但他的目的并不是掌握这一门一门的学科知识，而是借助于对学科知识的学习来塑造那个全面发展的自我。对学科教师来说，只有真实地走近学生，了解学生日常生活中的喜怒哀乐，才有可能把自己的学科教学与学生的全面发展融为一体，从而激发学生内在的学习动机。要让学生真正地热爱学科知识，就必须让学生对学科知识产生浓厚兴趣，而这就不仅仅是教师对学科知识本身的演绎可以实现得了的。毕竟学生是一个有机的生物体，我们不能功利地只需要他对自己所教的学科感兴趣，而不顾及他对学习与生活的整体感受。

学科教师并不是学科知识的化身与代言人，而是学生学习学科知识的帮助者。如果学科教师要帮助学生更好地理解与接受学科知识，就必须以很好地了解与接受学生为前提，否则，要么出现"越帮越忙"的情况，要么教师就"反客为主"，刚性地要求学生掌握学科知识，甚至向学生硬塞学科知识，或许这就是"填鸭式教学"产生的基础。更让人担心的是，学生的征服对象本来应该是学科知识，可教师一旦成为学科知识的代言人，也就成了学生的征服对象；学生征服学科知识是良性的，可当学生将学习的目的转化为征服教师时，就很难保证这种学习过程也是良性的了。教师的本意是通过自己对学科知识的了解与占有来帮助学生学习，结果却由于自己不自然地站在了学科知识一面，成为学科知识的代言人，从而成为学生的"敌人"。因此，教师走近学生，而不是走近学科知识，更有利于帮助学生征服学科知识，并促进学生的全面发展。

只有教师把学生当作一个完整的人，一个过着真实生活的人，才有可能理解学生的学习目的，从而利用学生的学习目的来激发他的学科学习兴趣。学生是一个完整的人，意味着学生的生活并不局限于学习，更不局限于学科学习，他还学着其他学科知识，除了学习外他还有领域更广、范围更大的日常生活。如果我们忽略了这个事实，就会误解学生，就会将学生束缚到单一学科知识的学习之中，束缚到单调的学习生活之中，从而让他们离生活越来越远，越来越感受到学科学习的单调与乏味，直至将学习中的无趣归因到学科教师身上为止。因此，要有效地帮助学生学习学科知识，就必须走近真实生活中的学生，从学生的真实生活出发，站在学生未来发展的立场来审视学科知识，把学科知识的学习与掌握当作学生完整生活的一个部分，甚至只是非常小的一个部分。只有这样才有可能更好地帮助学生掌握学科知识，从而既实现学科知识的教育价值，又成就学生的全面发展。

7. 学生学习需要什么样的底色

　　曾有这样一个故事：国王要一位画家为他画一匹马，但是一直等了五年也没有看到画家的作品。国王专程来到画家的画室，画家便当场为国王画马，仅仅五分钟后，国王便看到一匹栩栩如生的骏马从画家的笔端奔跃于纸上。国王为此非常生气，质问画家为什么五分钟就可以完成的任务，居然让自己等了五年。画家平静地说：如果你需要一匹普通的马，那么我当时就可以完成，但因此我永远都只会画普通的马；可如果你需要一匹骏马，那就需要五年的汗水与艰辛作为铺垫了。听完这个故事，原本只是觉得国王过于肤浅，竟不明白画马是需要长期学习与操练的；可后来一想，至少国王还能够等待画家五年，与我们今天的家长与教师相比，这已经是非常大度的了。试想，有多少家长与教师能够给予孩子五年的学习时间而不用见到成绩呢？正因为如此，学生每天都在忙着"画马"，可我们得到的永远都只是"普通的马"，"骏马"离我们越来越远了。

一

　　在日常生活中经常发生这样的事，当你越想记住某件事时，越容易忘记它；当你越想做成某件事时，成功的概率反而越低。但是，当你不再注意这件事情时，反而会受到什么启示，很容易地就回忆起来了；当你不再计较这件事情的成败时，在各种力量的综合作用下，反而成功了。如果这是大家共同的感受，那么我们就得承认这种感受的规律性，就得认可这种感受不仅仅成人有，学生也会有。

可在日常教学生活中，我们却以完全不同的态度来对待学生的学科学习。当学生记不住特定的学科知识时，我们没有想到为他们提供相关的启示，而是认为他们没有努力地背诵；当学生学科考试成绩不理想时，我们没有去思考影响学生考试成绩的因素是什么，而是责怪学生在学科学习上不够努力。于是，恶性循环在学科学习过程中蔓延开来：既然学生记不住学科知识，就严格地要求学生专心致志地背诵学科知识；既然学生的学科考试成绩每况愈下，就严厉地要求学生放弃所有课外学习，而专攻学科知识。随着恶性循环的进一步加剧，学生在付出艰辛的努力之后并没有获得理想中的成绩，于是他们开始讨厌这门功课，开始质疑自己学习这门功课的能力，开始怀疑自己的智商。所以，简单地追求学科考试成绩的做法，并没有真正地提高学生的学科考试成绩，反而将越来越多的学生驱赶出了学科教学的领地。

当我们突然想不起某件事情时，最好的方法并不是急躁地去追忆，而是去寻找与之相关的事情与物体，通过外在的线索来实现回忆的目的。这就意味着，如果我们要及时地记住某件事情，最好的方法就是为它寻找很多启示物，因为启示物越多，越有利于我们回忆起它来。同样的道理，要让学生记住并理解知识，最好的方法并不是让学生只学习这些知识，而是拓展与它们相关的领域，为学生理解与接受它们提供更多的启示物。为了对这些启示物有一个形象的认识，我们称它们为智力背景。

二

中国有一句古话：皮之不存，毛将焉附？也就是说，"毛"总是要以"皮"为基础的。建构主义心理学中有一则关于"鱼牛故事"的经典案例：

从前，有一条鱼和一只青蛙一起在一口井里生活了很长时间。有一天，青蛙跳出了井，来到了岸上，它东看看，西看看，觉得一切都是那样新鲜。这时，它看到前方不远处有一头牛，就仔细地观察了一番。回到井里后，它向鱼描述自己在岸上看到的事物，介绍得最具体的就是牛了：它长着大大的肚子，有一对犄角，还有四条长长的腿、四只蹄子……鱼边听边把牛的样子画了下来，但它画的仍然和鱼的模样一样，只是肚子大大的，长着四条腿，在鱼头上还长着一对犄角……

虽然"鱼牛"这样的故事只是个案，但我们从中仍然可以悟出些道理：人不可能让学科知识独立于生活知识之外，也不可能让学习生活孤立于日常生活之外。

教育本来就是服务于生活的，杜威的"教育即生活"与陶行知的"生活即教育"可以为据。可是，随着考试筛选功能的增强，学科知识逐渐脱离日常生活而归属于学科考试。为了适应这样的教育现实，教师、学校与家长共同为孩子营造了一个单纯的学科知识世界，并视非学科知识为这个世界中的杂质，想尽办法予以扫除。可是让大家没有想到的是，学科知识与非学科知识的关系，原本就是"毛"与"皮"的关系。如果学生要掌握学科知识，就必须将学科知识融入生活知识之中，并通过生活知识来消化与吸收学科知识，最终以生活知识为线索来提取学科知识。当我们把学科知识独立于生活知识之外时，学科知识就成为浮萍，漂荡在水中，除了少数游泳健将可以捕捉到以外，对绝大多数学生来说，它都是抽象而又空洞的。

可以把学生的生活分为学习生活与日常生活两个部分。为了更好地帮助学生搞好学习，教师、学校与家长希望学生尽量维持并搞好学习生活，与此同时放弃或者尽量回避日常生活。在大家的心目中，学生的生活时间总是有限的，有了日常生活就不可能再有学习生活，有了学习生活也就不再有日常生活，所以日常生活总是干扰或者破坏学习生活的。于是，学生在学校全力学习，甚至课外活动都被大家视为洪水猛兽，就连一些不考试的学科也被打入冷宫；回到家里，学生不再担心吃穿住行，家人早已为其提供了"衣来伸手，饭来张口"的"五星级"服务，目的就是尽可能地排挤日常生活，为学生的学习生活抢占更多的时间与资源。可是，日常生活毕竟是学习生活的"根"，当我们把漂亮的花摘回家欣赏时，没有了"根"与"叶"的漂亮花朵很快也就枯萎了；没有了日常生活，学习生活也就成了学生的"人间炼狱"。当孩子放学归来时，家长最习惯的问候总离不开这三句话：今天家庭作业做完了吗？今天老师表扬你了吗？这次考试成绩还好吧？可正是这样毫无生活色彩的问候，不但将学生与日常生活隔离开来了，还将孩子与家庭生活隔离开来，学生与家长之间的冷漠与敌视就是对这种现象最好的印证。

要真正地恢复学习生活的生机，不但要协调好学习生活内部学科知识与非学科知识间的关系，还要协调好学习生活与日常生活间的关系。将学科知识独立于生活知识之外，将学习生活孤立于日常生活之外，这是破坏"学习生态"的行为，短期内会取得一定的效果，可长期下去必将"扼杀"学科知识与生活知识，同时也会窒息学习生活与日常生活。

三

要让学生更好地掌握学科知识，就不能对学科知识"涸泽而渔"，从而认为将所有非学科知识驱逐干净，剩下的就是学科知识。我们把音乐、艺术、美术等课程都取消了，却要求学生对生活有深刻的体验，这不太现实吧；我们把学生整天关在教室里，却要求他们以动人的生活故事与美丽的游历为题写作文，这也不太现实吧；我们要求学生对物理和化学感兴趣，并在解题时灵活运用，却不让他们去运动场感受体育器材的物理原理，不让他们到实验室感受化学反应的奇妙，这难度很大吧。这就不难理解，为什么苏霍姆林斯基如此热衷于带孩子们去郊外游历，如此热心地为孩子们推荐课外读物，甚至将课外读物当作第二套教学大纲了。也就不难理解苏氏将"有意学习"建立在"随意学习"之上，将"有意记忆"建立在"随意记忆"之上的真意了。对于小学生来说尤其要如此，因为他们的思维还停留在感性阶段，他们还没有对事物进行抽象思维的能力。在这种情况下，如果切断他们与外界事物的联系，只为他们提供学科知识，就会既让他们无法接受抽象的学科世界，又让他们丧失了感受生活世界的机会，结果导致他们无法学习。

学校不仅仅是学生学习学科知识的地方，还是培养学生脑力劳动的地方。学生的学校生活远不只是学习学科知识，还包括参加丰富多彩的课外活动，只有将学习活动与课外活动有机地结合起来，才可能让学生在学校中得到和谐发展。当学校与教师面临外界的考试压力时，他们将矛头对准了课外活动，认为课外活动是学习活动的杀手，大有将其除之而后快的感觉。可事实上，我们完全可以想见，当你身体缺钙时，一日三餐都让你吃钙片，你会有什么样的感觉，又会有什么样的后果。即使你的确因为吃钙片而完成了补钙的任务，但你的身体一定比缺钙时更为虚弱，而且不仅仅是生理虚弱，还包括心理上的无奈。学校是学习活动的场所，更是课外活动的场所，没有了学习活动，学校就不再有意义，没有了课外活动，学校将变得苍白无力。很难想象在一个湖里只养一条鱼，这条鱼就能够因为尽享湖里的资源而成为一条超级大鱼。也许最有可能发生的事，是这条鱼因为缺少了同伴而日渐消瘦，甚至走向末日。如果把鱼比喻成学科知识的学习，把课外活动比喻成鱼的同伴，是不是就更容易理解学科知识离不开课外活动的道理了呢？

学生不仅仅要有学习生活，还要有日常生活，而且学习生活必须以日常生活为归依。如果学生没有了日常生活，那么学习生活将成为"无水之鱼"或"无根之木"；如果学生的日常生活与学习生活无法保持一致，那么学生必将告别"学习生活"而回归"日常生活"。学校教育是学习生活的主阵地，家庭教育是日常生活的主阵地，学习生活与家庭生活的关系也就是学校教育与家庭教育的关系。学校教育是培养学生脑力劳动的过程，但教育责任并不因此而全部转交给学校教育，学校教育需要家庭教育为学生参与脑力劳动提供氛围与支持。正如苏霍姆林斯基所言，如果家里没有足够的藏书，如果父母对书本的感觉很贫乏，那么孩子就很难在学校中对学科学习有兴趣。更让人担忧的是，当家庭教育不但不提供有智慧的日常生活，反而摒弃学生的日常生活去迎合学习生活时，这种错位的教育模式，就同时扼杀了学习生活与日常生活。

所以，当我们关注学生的学科知识时，还需要非学科知识为它奠定亮丽的"智识底色"；当我们关注学生的学习活动时，还需要课外活动为它奠定灿烂的"智能底色"；当我们关注学生的学习生活时，还需要日常生活为它奠定阳光的"智慧底色"。没有了这些"底色"，学生的一切都将毫无生机与希望，包括我们寄予厚望的学科学习，而这是我们大家都不希望见到的。

第三辑　塑造“有序课堂”

1. 凭什么让学生听你的话

师生关系，现在已经谈到让人生厌的地步了，于是，只好以"教师主导，学生主体"来草草收场。从此以后，谁再谈师生关系，那就是"老土"的表现了。但是，往往越"土"的教育问题，越具有追问的价值。

人是社会的动物，有哲人如是说。其实，在人文科学家中，对人的社会性有过描述的，大有人在，比如库利的"镜中我"，再如戈夫曼的"日常生活中的自我呈现"。人是社会的动物，无非是说，人总是在与别人的交往中评价自己，定位自己，并因此决定自己的行为。教师，自然也是社会的动物，他的一言一行，虽然说是自我决定的结果，但影响其决定的因素与前提，却是他对"师生关系"的判断。因为"师生关系"不同，教师对自我的定位就不同，采取的教育教学行为也就不同。

师生关系，是一个历史的概念，弄清师生关系的演变史，可以让我们更好地把握教学的本质。师生关系经历了以下四个历史阶段：师权"神"授、师权"智"授、师生平等、生尊师卑。仅从字面来看，我们就可以发现师生关系在整个发展过程中的基本趋势——教师的地位日趋没落，而学生的地位渐升渐高。但在教育实践中，教师的专业地位却越来越高，而学生学习的主动性却日趋低落。看来，人的地位越高，个人能力的增长似乎越是缓慢，可能是因为提升个人能力的动机不够强烈；人的地位越低，似乎越有利于个人能力的提升，因为提升个人能力是改善生活的较好途径。

有人曾考证过"天、地、君、亲、师"的由来，这虽然离我们今天的主题远了一点，但是这五个字却确证了"师权神授"年代是存在的。"一日为师，终身为父"，对于年纪略大的人来说，几乎印在了他们心中。按理说，尊重教师，也就是尊重文化，这是应该的，也是必要的，似乎没有什么不好。可正是这句话，让教师群体故步自封了多少年哪！教师的职责，就是教育学生。教育学生的前提，就是让学生喜欢教师，并因此而敬畏教师。教师正是以"敬"来吸引学生学习，以"畏"来维持班级秩序的。为了让教师容易进入教育状态，减小教师开展教育活动的难度，于是我们直接以"神"授的方式，赋予教师权威，以保证教育教学活动顺利开展。可是，当我们以"神"授的方式赋予教师权威时，教师这个职业的门槛就降低了，因为有些没有能力让学生敬畏的人，也进入了教师行列。教师一旦踏上讲台，就对学生享有"如君如父"一样的权力，却不去追问自己为什么有这样的权力，因此也就不会花时间去提高自己的能力，巩固自己的权力，甚至认为这一权力是"神"授予的，所以与自己的能力无关。既然权威是"神"授予的，教师就可以滥用它了，因为它是用之不竭的！由此可以想见，古时的学生，是在一种多么困苦的情形下学习的。

当学生不好好学习，在课堂上捣乱，严重破坏课堂教学秩序时，教师会怎么理解这些行为呢？又会怎么处理呢？教师如果认为这些都是学生的责任，纯粹是学生无事找事，那么就不会去追问自己在教学中的不足了。可教师不去追问自己的不足，自然就无法提高教学水平。教师如果认为制止学生捣乱，需要的是强权与管制，是武力镇压，那么就会关注自身体力的再生产，以确保权威的延续。然而，武力镇压只会带来武力反抗，随着教师的衰老、学生的成长，教师想以武力来赢得学生对自己的敬畏之情，难度就越来越大了。

教师凭什么站在讲台上，让台下几十名学生去倾听自己讲话呢？很多教师说，那是因为我讲的知识，对他们未来的发展有用啊。这种教师认为学生之所以对自己持有敬畏之情，是因为自己比他们知道更多的学科知识。

因此，为了确保、延续与巩固自己的权威，教师就必须不断地增加与丰富自己的知识。还有一部分教师，有这样的想法：学生之所以愿意听自己的，并不是因为自己的知识比他们多，而是因为自己解决问题的能力比他们强，既然教师解决问题的能力是学生对他产生敬畏之情的原因，那么教师就会不断地表现解决问题的能力，并不断地提高解决问题的能力。否则，随着知识的更新，随着学生能力的提升，教师的权威就会逐渐消失。

在上文中，我们认为，教师搞好教学的前提，是学生对自己有敬畏之情。那么，如果学生对教师并不存在敬畏之情，他们之间的关系是平等的，学生没有义务去听教师讲课，也没有义务去学对自己并没有实际作用的知识，在这种情况下，教师还有可能上好课吗？可能性还是有的，但对教师的教学要求就大大提高了。当师生关系平等时，教师要让学生跟随自己学习学科知识，而且在学习过程中遵守众多的教学规章，就必须用上课的内容吸引学生，或者用讲课的方式吸引学生，或者用讲课结果的巨大价值吸引学生。然而，任何一点都是不容易做到的。比起师权"神"授的年代，比起依靠丰富的知识与过人的智慧就可以吸引学生的年代，师生平等对教师的专业能力提出了更高的要求。

然而，师生关系还在继续朝着有利于学生的方向发展。随着计划经济体制向市场经济体制的转变，随着公民意识的增强，随着民众承担教育成本的比例越来越大，民众对教育财政拨款越来越关注。此时，教师就成了消费民众教育成本，消费国家教育财政拨款的主体之一。这样，教师就成了教育服务的生产商，学生就成了教育服务的消费者。因此，学生拥有了对教师的最终裁决权，拥有了对教师教育教学工作的质疑权。于是，生尊师卑的年代就悄然来临了。其实，生尊师卑从来就没有离开过我们，只是在漫长的尊师年代里，它悄悄地躲到了"家庭教师"这个独特的领域里。教师在去学生家补课时，对生尊师卑的感觉还是比较强烈的。

在生尊师卑的年代里，教师为了搞好教育教学，首先得讨好学生，其次是让学生对自己产生敬畏之情，最后才是开展教育教学活动。于是，教师就必须重新认识自己的专业能力：首先得在理论上认识学生的心理状态；其次得了解学生的现实情况；再次得拥有讨好学生的技能技巧；然后还需要充实自己的知识与智慧，让学生对自己有敬畏之情；最后，还得用自己所教的知识去吸引学生，用自己的授课艺术去感染学生。

由此可见，应该尊重教师，因为尊重教师就意味着尊重文化。但是，一味地强调教师的权力，就会弱化对教师能力的要求。当社会对教师能力的要求降低时，教师对自我教学能力的提高就不怎么关心了。与之相反，当教师的地位越来越低时，教师就会开始关心如何夯实自己的职业地位，如何提升自己的教学理念与思想。只有此时，教师才会发现，教育教学能力才是自己的安身立命之本。

2. 让学生在课堂中自主起来

　　曾经有老师问我，书上说"教师主导，学生主体"，可在真实的课堂中，究竟谁应该是课堂主体呢？我的回答很简单——谁上考场，谁就应该是课堂中的主体。这位老师听后就更疑惑了：那么，我们为什么把教室称作"教室"而非"学室"，把教材称作"教材"而非"学材"呢？为什么学校总是考核老师教学进度是否完成，而不去考核学生学习进度呢？为什么课堂秩序乱了会去怪罪老师管理能力不行，而不去指责学生在课堂上没有自律能力呢？为什么每次考试下来，学校有权把每个学科的成绩进行排名，但却不允许老师在班上把每个学生的成绩进行排名呢？更有甚者，为什么大家都说"没有教不好的学生，只有不会教的老师"呢？面对这一串问题，我感觉要恢复学生在课堂中的主体地位，并让学生在课堂上自主起来，还真不是一件容易的事。

一

　　作为新教师，王老师总觉得学校有很多双眼睛盯着自己。当课堂上秩序乱了一点时，就生怕别人觉得自己没有驾驭课堂的能力；当学生在课堂上反应比较迟钝时，就生怕别人觉得自己的课堂不够有灵气；当学生考试成绩不够理想时，就更怕别人觉得自己不适合当老师了。于是，为了做一个令各方都满意的教师，王老师就想在各方面都做得完满一些。站在教室里时，希望学生尊重自己；上课时，希望学生都听自己的；提问时，希望学生能够有及时而又正确的反应；对于教学内容，更是尽其所能地把每个知识点都精讲细讲，唯恐漏掉一个知识点。

在刚开始的日子里，王老师还是挺有成就感的，学生似乎比较怕她，也把她当作知识的偶像，在最初几次的月考中学生的成绩也很优秀。这样，王老师越发觉得自己这种操控式的教育模式富有成效，既能让自己的能力得到充分展现，也能让学生在各种各样的考试中获得不俗的成绩。可是好景不长，随着学生之间越来越熟悉，学生对班级和学校环境越来越了解，尤其是对王老师的认识越来越透彻，学生在行动上就开始反叛了。于是，王老师不得不加大控制的力度，原本和蔼可亲的美女教师，开始变得越来越凶蛮了。学生的学习状态似乎也在发生变化，虽然学生对王老师的知识越来越佩服，但在学习上对王老师的依赖感也越来越强，老师没有讲到的知识学生是肯定不会去学的，碰到难题时学生也期待着王老师能够提供一个精妙的解答，这样的结果就是王老师教得越来越辛苦，但学生们的成绩反倒越来越下降了。

王老师在享受了短暂的成就感之后，却陷入了长久的困惑之中：在学生管理上，学生就像乒乓球，你管得越严，他反弹得越凶，如此恶性循环下去，自己的美好形象恐怕也难以维持了；在学科学习上，学生就像海绵球，你教得越细，他学得越懒，如此磨合下去，自己累得半死不说，学生恐怕还难以获得好的成绩。于是，王老师请教自己的带教师傅，带教师傅说：现在的学生很调皮，你不凶是不可能的，否则，他们会骑到你的头上去撒野；对学习的依赖就更是如此了，学生都是这样的，你不盯着他，他才不学呢。听完此话，王老师不得不问自己这样一个问题：难道我就必须这样坚持不懈地凶下去，必须这样坚持不懈地让学生依赖下去？然而，这样下去对学生的成长真的有帮助吗？

二

在和王老师交谈时，我问她，你是否相信"授之以鱼不如授之以渔"的道理？她说，这个道理谁不知道呀，关键是我们的确做不到呀。看到学生调皮，难道你不去制止他，还等着突然之间他就有了自律能力？看到学生做不出题目，难道你不去帮他解题，还期待着他会有所顿悟？当学生在课堂上晕乎乎的时候，难道你不应该把知识讲得更精细一点，还期待着学生自己能够花足够的时间和精力来搞懂教学内容吗？即使我愿意去等学生形成自律能力，愿意去等学生有所顿悟，愿意去等学生主动投入学习，可学校能够等我吗？一个月一次月考，谁敢怠慢？特别是我们这些年轻教师就更是如此了，要是你几次月考都考差了，不但不可能继续教下去（主要是指从初一教到初二，从初二教到初三），恐怕连饭碗都很难保住，就更不要说给学校管理者留下什么好印象了。

把精心处理过的知识讲给学生听，一则容易让学生听懂，二则容易让教师有成就感。但这样教学容易产生两个不好的结果：一是虽然学生听懂了，但从听懂到理解，再从理解到应用，其间的距离并不是教师教学所能够弥补得了的；二是学生总是学教师精心处理过的知识，就会对知识的精心处理形成依赖，犹如人吃惯细粮后，再让他吃粗粮就异常艰难。教师对知识的精心处理，既能够带来课堂上比较好的现场感，也可以让学生在邻近的月考中获得好成绩，这是大多数教师在课堂教学中选择直接讲授的重要原因。直接讲授的确可以让学生在短时间内搞懂学习内容，但搞懂了学习内容并不意味着就理解了学习内容，即使理解了学习内容，也不意味着在考试中就会应用学习内容。缺少学生对学习内容的主动参与，就不可能完成学习内容从搞懂了向理解了、从理解了向会应用的转变，更难以做到将学科知识点串联起来形成学科结构。

知识都是学会的。如果没有教，学还是可以推进的；而如果没有学，那么教就毫无意义了。因此，教是为了帮助学生学，但不可能替代学生的学。在教育教学实践中，如果教师帮得不到位，难免会有教学低效的嫌疑；而如果教师帮得太主动，难免会有替代学习的嫌疑。在学校教育教学评价非常到位的情况下，教师帮得不到位的情况肯定很少，而以帮助的形式发挥替代功能的教学却很多，而且后者在教学伦理上似乎也特别有优越感。殊不知，哪怕教师帮得不到位，只要学生有主动精神和自主责任感，学习仍然会被学生自己推动，可能只是速度上受点影响；而一旦教师帮过了头，替代了学生的学习，虽然在短期内会发挥优势，取得可喜的成绩，但从长远来看，学已经不复存在，至少学生的学习主动性与自主责任感已经不复存在，在这样的情况下，教还有什么意义呢？这样的教法还能够延续多久呢？

三

要让学生在课堂上自主起来，其必要性已经不需任何论述了。问题在于，有没有神奇的方法或者策略，既让教师在月考这类考试中取得短期的成绩，又能够激发学生的学习主动性与自主责任感，从而在未来的升学考试或者人生发展中取得更好的成绩。教育是没有奇迹的，要想有收益，肯定就得付出成本，要想在长远发展中取得优异成绩，就必须在当下作出必要的投资。因此，要让学生在课堂上变得自主起来，在当下就必须有付出成本或者作出长远投资的勇气。

学校对教师的期待与宽容是促进学生自主成长的制度保障。学校对教师的考核周期越长，教师课堂教学的视野就越长远，使用的教育教学方法也就越科学；学校对教师的考核周期越短，教师的课堂教学就越短视，使用的教育教学方法也就越原始，其直接后果就是学生在学校组织的考试中容易出成绩，但在更长远的考试或者更长远的发展中却会失去机会。要让教师在课堂教学中拥有更长远的眼光，使用更科学的方法，就必须用学校管理的信任与宽容，来为教师提供长远眼光和科学方法所需要的工作空间。

当然，校长也有校长的难处，那就是每学期成绩出来后，局长们总会把每所学校的成绩拿来做个排名，这个时候校长总是感到很紧张。既然局长每学期对学校成绩进行排名，那么，校长每个月对年级教师进行成绩排名也就顺理成章了。可是，是不是每个月进行年级排名就能够让学校在每学期的排名中取得好成绩呢？由于教师的课堂教学只对学生成长的某一个阶段负责，甚至只对一个阶段中的某一个方面（学科）负责，如果没有长远而又全面的教育眼光，学生的发展就难免会因为局限而受阻；但如果教师的教育眼光过于长远和全面，教师又难免会在学校比较短视而又局限的评价机制中受伤。

教师的教学勇气是让学生在课堂上自主起来的教学前提。在理论上，真理永远是对的，对真理的追求是值得尊崇的，对真理的捍卫是应该提倡的。可是，一旦把真理置于教育实践之中，对真理的追求就不仅需要足够的智慧，还需要足够的勇气。十年树木，百年树人，这个道理肯定是真理，但谁也不会等一百年再来检查人被树得怎么样了。树人是一个长期的过程，因此，要把它分成若干个阶段，每一个阶段都要有阶段性的目标，这样才能够保证百年树人的过程不至于迷失方向，才能够保证百年树人的过程不至于因为怠惰而误人子弟。因此，把教育分成若干个阶段的目的并不在于阶段性目标的达成，而在于让学生在长远发展中取得优异成绩。如果学生失去了长远发展的机会与能力，哪怕在阶段性目标达成过程中取得了好成绩，也不能够保证阶段性成绩具有可持续性。与其说教师培养学生自主能力需要的是教学策略，还不如说是教学勇气，是突破短期评价标准和眼前考试成绩的勇气。

学生的课堂参与是让学生在课堂上自主起来的认知基础。教师们经常抱怨，并不是我不让学生课堂自主，而是学生根本就不愿意自主，可能学生也没有能够自主起来的能力。因此，课堂上经常演绎先有鸡还是先有蛋的问题，学生没有课堂自主的能力，所以不能让他在课堂上自主；可是，学生不在课堂上自主起来，又怎么会有课堂自主的能力呢？如果没有让学生参与到课堂中来，即使教师把知识讲得非常精彩，把题目做得非常漂亮，让课堂教学现场感特别好，学生也只是课堂教学的观众，他也只是看哪一位教师表演得更精彩。只有让学生参与到课堂中来，不仅仅是学生的身体，而且是学生的思维参与到教学内容中来，他们才会觉得自己是课堂教学的一份子，才会把自己的自主精神融入学习过程之中，从而产生出学习能力与自主能力。

3. 课堂教学何以为师生共享

在理论上，我们要求强者去适应与照顾弱者；可事实上，却只有弱者去适应与顺从强者。教师教学与学生学习之间的关系也不例外。在课堂教学中，教师以知识代言人与课堂管理者的身份享有对课堂教学的控制权；学生因知识匮乏者与课堂参与者的身份而丧失课堂教学中的主动权，并沦为课堂教学中的弱势群体。在教育理论上，我们都要求教师教学要以学生学习为基础，要主动地适应与照顾学生学习；可事实上，能够取得良好学习业绩的学生，往往是对教师教学有较强适应力的学生。然而真正的课堂教学，一定需要一方将适应另外一方当作义务吗？当一方被动地适应另外一方时，课堂教学会有效吗？

一

很久以前，动物王国决定办一所学校，以此来提高动物们的实践能力与创新精神。这所学校招录了鸭子、兔子、老鹰和泥鳅，开设的课程有游泳、跑步、飞行和钻行，教育的目的是希望动物能够掌握各种本事，提高自己的综合素质与应用能力，以便更好地适应自然环境带来的各种变化。动物们到了学校之后，很快就通过了自己擅长的课程考试，但却不得不花大量的时间与精力去学习自己并不擅长的课程。于是，在学校里经常可以看到勤奋的动物们在学习：鸭子在练习跑步，兔子在练习钻行，老鹰在练习游泳，泥鳅在练习飞行。虽然动物们很勤奋，但学习效果并不明显，最终他们发现自己并没有学会别人擅长的课程，还由于缺乏练习的时间，把自己原本擅长的课程给考砸了。通过这个故事，我们很自然地得出以下教学原则：教师教学应该适应学生学习，或许这就是因材施教的本意吧。

可事实上，结论并非如此简单。通过对以上寓言的深刻反思，我们更应该得出以下结论：学校教育应该以学生学习潜能为基础而展开，但学生学习却应该主动适应教师教学。对前者我们不大会有什么疑问，但需要强调的是，此处的学校教育是一个综合的概念，并不是教师个人对学生开展的学科教学的简单累加，比如，学校究竟应该为学生开设哪些课程，应该用什么样的标准来评价学生。教师的学科教学，只要已经列入了学校课程表，哪怕是真的教鸭子跑步与教老鹰游泳，教师也必须努力完成教学任务。当教师同时给鸭子、兔子、老鹰和泥鳅上课时，如果要求教师主动适应学生，那就成了一个不现实的教学主张。教师只能根据教学内容与自己的教学能力尽可能地搞好课堂教学，而学生如果想取得理想的学习成绩，最好的办法就是主动适应教师教学，而不是被动地等待着教师来适应自己。虽然今天班级学生间的差异没有鸭子、兔子、老鹰和泥鳅之间的差异那么大，但学生间差异的增大却是一个不争的事实，要让教师去适应差异较大的学生，的确让教师感到为难。

要求教师教学适应学生学习，这不但是我国的教学传统，还有一定的理论根据。早在两千多年前，孔子就要求教师要"因材施教"，用现在的教育用语来说，就是要求教师教学要以学生现有的知识结构为出发点，要使自己的教学活动适应学生的学习能力与学习风格，只有这样才能提高课堂教学的效率。"因材施教"在理论上的确不无道理，哪位教师会反对这种"千真万确"的教育真理呢？于是，"因材施教"被历朝历代的教师奉为经典，并成为当今教学原则中的"重中之重"。但是大家千万别忘了，在孔子所处的时代，个别化教学是课堂教学的主要模式，即使偶尔有小班教学，学生人数一般也不会超过十个。在这种小班教学或者个别化教学中，因材施教不但重要而且必要，最关键的是它具有可操作性。然而，随着班级授课制的开展，课堂教学中的教师不得不同时面对数十名甚至更多的学生，虽然"因材施教"仍然是重要的，但毫无疑问，它因为不具有可操作性而不再是必要的。可怕的是，当课堂教学中教师受班级规模的影响而无法实施"因材施教"时，学生仍然在被动地等着教师去适应他们，并因此而丧失了主动适应教师的机会，这对课堂教学效率的伤害是不容我们忽视的。

二

在理论上我们都很明白，脱离学生学习的教师教学是很难成功的；但在实践上我们又很清楚，要让一位教师去适应与照顾数十位学生也是很不现实的。而课堂教学正处于这种尴尬的境遇之中。

导致课堂教学中教师与学生脱轨的真正原因，在于班级授课制的出现几倍地增加了学生的数量，却没有增加教师适应与照顾学生的渠道。在个性化教学与小班教学体制中，教师有足够的时间与精力了解学生；但在班级授课制下，教师必须同时面对几十位学生，这极大地增加了教师了解与照顾学生的难度，即使教师做到了这一点，要在课堂教学中同时适应几十位学生的学习过程显然也是办不到的，于是，"因材施教"就只能作为一种教育理想而存在。可是,在班级授课制下,教师真的就只能"独善其身"了吗?"因材施教"就真的不再具有教育意义了吗?

当我们只面对一位或者几位同学时，他们每一位都是一个独立的个体，都拥有一种独特的学习风格，并以一种与他人不同的学习潜能而期待得到与之相适应的课堂教学。当我们必须面对几十位学生时，学生的个性因此而消失，但学生的组织性却慢慢浮出水面。随着教育心理学的发展、教育研究人员对学生群体的深入分析，学生学习的总体特点逐渐为大家所认识。虽然每位学生都有自己的学习个性，但在特定群体中学生的学习个性却相似，正是相似学习个性的存在，为我们提供了师生共享课堂的思路。

　　每位学生的学习潜力都是有差异的，但这个差异在一定范围内却是可以忽略的，因此，我们可以将学习潜力的大小分为不同的层次。于是，教师课堂教学的"因材施教"，从适应个别学生转向适应特定层次的学生群体，在特定层次中的学生则向该层次中平均水平的同学靠拢。于是，随着学生分层的出现，随着学生向最近层次平均水平主动靠拢，教师的课堂教学就不再需要适应所有的学生，而只需要适应班级中具有不同学习潜力层次的学生群体。在此只是列举了学习潜力，其实，学生的学习个性远不只是用学习潜能就能够涵盖的，还包括学生的认知风格、学习策略、学习习惯，等等。我们可以通过分组与分层的方式，要求教师适应具有特定认知风格、学习策略与学习习惯的学生群体，同时要求学生"主动"地适应与自己认知风格、学习策略与学习习惯相似的学生群体。但前提是我们要加强对学生群体的分析、研究与分类。虽然针对个别学生的"因材施教"因为班级授课制的形成而不复存在，但并不能因此而降低研究学生学习的重要性。相反，我们不但要继续关注学生个体的学习个性，还要从组织与群体层面去了解、分析与研究学生。

三

　　从人文精神的角度来看，每个学生都是具有独立个性的，对他们的学习个性进行分类，或多或少是对他们独立个性的误读，也是对"因材施教"的背叛。然而，学生总是要融入社会的，学校教育既要提倡学生的个性化，更要提倡学生的社会化。当我们一味地、感性地尊重学生的学习个性时，就往往因此而错失对学生进行良好教育的机会。只有我们理性地面对学生的学习个性，才可能既尊重学生的独立个性，又尊重学生群体的学习特征，这样才有可能真正地做到对学生群体的"因材施教"。

　　对学生个体来说，学习个性是整体的；当我们面对学生群体时，就必须对学习特性进行细分，虽然这对学生个体来说是不可想象的，但对学生群体来说却是必要的。我们无法把一个学生的智力进行分层，可有了两个学生时，就有相对聪明与相对愚笨之分了；当有了二十个学生时，就必须对学生的智力进行分级了，这就是教育中采取"能力分组"的理论依据。对学生进行"能力分组"本身并没有过错，真正有争论的是应该让能力不同的学生在不同的学校或班级学习，还是让他们在同一所学校或同一个班级学习。前者强调同质学习，后者强调异质学习，这是不同教育观的争论，而不是是否对学生进行"能力分组"的交锋。事实上，只有对学生进行"能力分组"，我们才有可能对学生群体进行"因材施教"。

影响学生学习的，远不只是学生的智力，真正对学生学习"成长性"影响更大的，应该是学生的认知风格与学习风格。如果说学生的智力是学习的原材料，那么，认知风格与学习风格就是使用原材料的方法了。比如同样的煤矿石，煤处理技术成功的企业可以从中提炼出80%的精煤，而煤处理技术较差的企业往往只能够提炼出40%的精煤。所以，煤矿石的质量固然重要，但煤处理技术更重要。因此，对学生群体的学习状态进行分析时，学生的认知风格与学习风格是不容忽视的。

在分析人时，我们很自然地会想到人有"内向"与"外向"之别，有"理性"与"感性"之分。但是，却很少将日常生活中这些对"人"的分类运用到课堂教学中来。正是人的个性不同，导致学生群体中存在着不同的认知风格，比如，有的学生喜欢冷静地思考问题，而有的学生喜欢在具体情境中处理问题；有的学生喜欢独立解决问题，而有的学生喜欢合作解决问题。针对学生群体不同的认知风格，教师在课堂教学中"因材施教"就是让课堂教学更好地适应具有不同认知风格的学生群体。而学生则要主动地去适应和配合与自己认知风格相近的群体。至此，我们才明白，课堂中教师和学生间的真正的共享点，既不是让教师适应学生个体，也不是让学生个体适应教师，而是教师适应学生群体，而学生也要主动地向学生群体靠拢。

4. 对教学负责才是真的对学生负责

在教师中流行着这样一句话：没有功劳也有苦劳，没有苦劳还有疲劳。这句话大致表达了这样两个事实：一是教师是非常辛苦的，他对教育教学的投入是非常大的；二是大家对学校的教育教学是不怎么满意的，对教师的课堂教学效率也是不怎么满意的。今天学校教育的现状就是投入太多，而产出太少，虽然我们希望教学效率更高，但却不希望教师投入更多。而实际情况却是，教学效率低下，使得教师无法对学生负责，但教师投入很多，却让我们无从追究教师的教学责任。

课堂教学的高投入与低效率，看起来是非常矛盾的。从逻辑上讲，既然有了教师的高投入，课堂教学的效率就应该会高。可事实正好相反：教师高投入不断，课堂教学低效率却越发明显。为什么会出现这种投入与产出相背离的现象呢？

其实，在将教师的投入转化为教学产出的过程中，教育教学技术起着决定性的作用。有些教师不但教得轻松，而且教得幸福，学生的学习成绩还很好；但更多的教师不但教得疲惫，而且教得不幸福，学生的成绩还每况愈下。从统计上看，教得轻松的教师更容易取得教学成效，而教得疲惫的教师则更难取得教学成效。由于教师的精力总是有限的，当教师对课堂教学的投入处于透支状态时，原本就不高的教学效率，就越发地朝着低效的方向发展了。所以，追求教学的轻松与幸福，才是课堂教学发展的基本方向。

可是，这并不比教师的高投入与精力透支容易，因为前者需要教育教学技术的支持，而后者虽然很辛苦，但毕竟不依赖于外在力量的支持，教师可以"随心所欲"。于是，在没有教育教学技术支持时，教师们就只好选择高投入与精力透支了。

我们总认为只要自己辛苦付出了，教育教学的效率就会高。可事实并没有这么简单。要创造一种高效的教育教学，教师们的辛苦付出只是其中的一个条件，甚至只是最基本的条件，还需要太多富有教育智慧的条件。而且，如果缺少其他条件，教师们的辛苦付出反而会降低常规课堂教学的效率。

既然高效的课堂教学只是教师们的一个无法企及的梦想，那么，放弃这个梦想就成了教师们的理性选择。当教师们不再拥有实现高效课堂教学的目标时，他们就转而对学校的规章制度"负责"。对他们来说，既然注定当不上名师，那就只好用教育教学的最低标准要求自己了。于是，我们不难发现，教师们对课堂教学时间的付出是毫不吝惜的，他们对课堂教学的态度是值得称赞的，他们对教材的讲解是一遍又一遍而不辞辛劳的。难怪教师们会有"没有功劳也有苦劳，没有苦劳还有疲劳"的想法了！

在面对疲劳不堪、态度良好的教师时，我们似乎没有任何理由去苛责他们课堂教学的低效。可是，令学校管理者困惑的是，明明知道教师良好的教学态度、大量的教学时间以及疲劳不堪换不来高效的课堂教学，但却无法对教师的课堂教学提出更高的要求。为什么会存在这样的情况呢？教师们在课堂教学中投入的时间越多，教学态度越好，就越是疲惫。但这只是表明教师们在对自己的岗位负责，因为根据学校教师岗位责任制的要求，他们已经够格了，甚至远远超出了岗位责任制的要求。可是，对教师岗位与教师自己负责的教学，并不一定就是对学生的学习负责呀！因为学生需要的并不是教师对课堂教学的投入有多大，而是教师对课堂教学的投入能够产生多大的教育效益。

学校管理者评价教师岗位责任的标准，是教师对课堂教学的投入有多大；但学生对教师岗位职责的需求，是教师对课堂教学的投入能够产生多大的教育效益。投入与效益之间的距离，造成了教师自我负责的空间，但却让教师错失了对学生的学习负责的机会。所以，教师们用疲劳与苦劳来为自己负责，而学生却需要教师们用功劳来为他们的学习负责。因此，衡量课堂教学的效率，既不能只以教师的功劳为标准，也不能只以教师的疲劳为标准，而应该以以功劳为分子、以疲劳为分母形成的比例为标准。我们在教育实践中如果用这个比例来评价课堂教学，那么在听到"没有功劳也有苦劳，没有苦劳还有疲劳"的想法时，可能仍然会对教师的努力与勤奋表示感激，但更多的则是对教师课堂教学低效的失望了！

5. 是学生"态度不好"还是教师"方法不好"

张老师今天特别生气，因为在她看来平时最认真，并被她"钦定"为英语课代表的小强同学，居然也没有做完英语作业，这简直是不把她这位老师放在眼里。还有人向她反映，班上同学还经常抄袭英语作业。一想到大家如此敷衍她，她就很怀念自己做学生时的那种勤奋与上进，就对现在的学生感到很失望，觉得他们实在是"朽木不可雕也"。可是，失望、生气并不能解决问题，反而容易把问题搞得更复杂。我们应该理性地追问自己，当学生为了完成任务不得不抄袭作业时，究竟是他们没有能力完成作业，还是他们不愿意完成作业呢？如果是学生没有能力完成作业，那么教师应该怎么做呢？如果是学生不愿意完成作业，又是什么原因导致的呢？如果简单地把学生不完成作业归因于学生学习态度不好，既可能冤枉了学生，又可能错过了问题解决的机会。

一、学习"原初态度"与"过程态度"之别

决定学生能否学好的因素有很多，但决定学生是否开始学习的却只有一个因素，那就是学生对待学习的态度：他想不想学习。如果学生不愿意学习，不管学习对他有多么重要，也不管教师与家长采用何种方法去教导他，都不会有多大的效果；如果学生愿意学习，他可能暂时发现不了学习的益处，

在学习过程中也可能会遭受挫折，但他有可能在忍受中继续前行。正因为学习态度有着如此重要的作用，所以当学生学得不好时，教师容易把原因都归到学习态度上。

学生的学习态度有两种：一种是在没有进入学习过程之前他们对待学习活动的态度，称之为原初学习态度；另一种是在学习过程中表现出来的对待学习活动的态度，称之为学习过程态度。在没有进入学习过程之前，绝大多数学生对学习都是向往的，也是愿意投入这个过程的，毕竟多学点知识，多掌握点技能，既可以满足自己的求知欲望，又可以增进自己安身立命的本事。基于此，可以说人的原初学习态度基本上都是积极的，很少有学生在没有进入学习过程之前就对学习感到失望，或者不乐意参与这一过程。可是，在教育实践中，我们看到的却是学生越来越不喜欢学习，讨厌学习的学生越来越多，学生的学习过程态度与原初学习态度相去越来越远。需要强调的是，初一与高一年级学生在入学之时，就可能对学习毫无兴趣了。其实，对初一与高一年级的教师来说，学生的学习态度是原初的，但对学生自己来说，它却已经是过程中的了。

由此可见，学习过程态度并不是恒定不变的。在整个学习过程中，学生有可能一开始很喜欢学习，但过了一段时间就可能不喜欢学习了；也有可能一开始不怎么喜欢学习，但过了一段时间就喜欢上学习了。良好的学习态度可以让学生在学习过程中保持兴趣，坚定意志，从而积极地审视学习过程中遇到的挫折与痛苦。原初学习态度不受学习方法与学习结果影响，而学习过程态度却是需要学习方法与学习结果来支持的。我们很难相信，一位并不具备学习能力的学生，能够恒久不变地对学习抱有饱满的兴趣，毕竟意志力是克服不了能力不足的。要让一个一直感受不到学习成就感的学生对学习抱有长久的希望，也是一件非常困难的事情。因此，学生不愿意学习，如果是原初学习态度出了问题，那是需要批评的，有可能在批评中就转变了学生的态度；如果是学习过程态度出了问题，那么需要的就不再是简单的批评，而是诊断与帮助了。

二、学习方法对态度的"蚕食"与"巩固"

热爱体育可能是人的天性，尽管我小时候几乎没有学会任何一个体育项目，但仍然热爱体育活动。于是，进入而立之年后，我开始尝试着去打乒乓球，并且兴致高昂地买了一副好的乒乓球拍。可是我总是在低水平上徘徊，时间长了连自己都觉得无趣，以后再也不曾打过。当时的兴趣与良好的乒乓情怀，被自己的无能蚕食殆尽了。暑假里天气又热又闷，我躲到了学校的游泳池里，以前不怎么会游泳的我，整个暑假居然在游泳池里待了约四十个小时。原因非常简单：游泳池里绝大多数都是"低能者"，而我在自学与偷学的过程中还掌握了一些游泳的方法，这让我信心十足，直到秋天来了还对游泳留恋不已。也正是那一点点游泳的方法，巩固并提升了我对游泳的兴趣。

同样是体育活动，同样有着良好的原初学习态度，可结果却是完全不同的。这就让我联想到学习问题，同样是学习活动，同样有着良好的原初学习态度，可最终的结果也是千差万别的：有的学生不但精神饱满，而且成绩优异；可更多的学生却无精打采，而且成绩每况愈下。由此可见，学生的学习成绩和其学习态度的确有着较高的相关度，但两者并不一定是因果关系，也就是说，学生成绩好并不是因为学习态度好，成绩差也不是因为学习态度差。在日常生活中，学习态度和学习成绩是我们凭肉眼就可以观察得到的两大学习要素，而且凭经验我们还可以判断出，学习态度好的同学成绩往往也不错，学习态度差的同学成绩也好不到哪儿去，因此，很自然地把学习态度视为学习成绩好坏的原因，从而让学习态度背负了太大的责任。其实，真正既决定学习态度（特指学习过程态度），又决定学习成绩的，却是既难以测定，又无法用肉眼观察到的学习方法以及由此形成的学习能力。

"工欲善其事，必先利其器"，这句古语提醒我们，如果要做好某件事，前提是准备好做这件事的工具，而且要掌握做这件事的方法。所以，我对"器"

字作双重解释：一是工具，一是方法。良好的学习态度源自积极的学习兴趣，而积极的兴趣是对学习过程的内在享受，这种享受是由良好的学习方法带来的，而学习兴趣也只可能由良好的学习方法产生。在教育实践中，我们常发现学习态度与学习成绩成反比的情况，那是因为学习成绩并不是由学习方法，而是由学生的超常付出换来的。在这种情况下，学生的成绩很好，但学习态度极差。

好的学习方法既是学生形成良好学习态度的原因，也是他获得良好学习成绩的原因。但学习方法只是其原因之一，而不是唯一的原因。

三、学法指导：学科教学的方法之路

传统上，往往把学习方法简单地理解为学科知识的解题方法，所以，当我们说教师往往只教给学生学科知识，而没有教给学生学习方法时，教师都觉得委屈，因为他们认为自己已经非常注意给学生讲解学习方法了。要让学生取得优秀的成绩，最直接的方法是让他们掌握解题方法，毕竟成绩不是靠心态，而是靠正确地解答一道一道的题目赚来的。可是，题目是无穷无尽的，解题的方法是千奇百怪的，要让学生掌握那么多的解题方法，就需要他们掌握良好的学习方法。如果他们的学习方法对了，掌握解题方法就会事半功倍；如果学习方法错了，那么掌握解题方法就难免事倍功半了。要让学生乐于在学习方法上下工夫，就得引导他们正确对待学习中的得与失，还得帮助他们处理好学习与生活的关系。所以，学法指导包括以学习为核心的三项工作，即解题方法的传授、学习方法的引领与学习过程的指导。

解题方法的传授，对于学科教师来说不是问题。学科教师与学生之间的关系，是专职教练与业余选手之间的关系。学科教师在大学里接受过所教学科的专业训练，他们在如何培养学生的专业意识与解题能力方面，的确有着自己的长处，而且他们始终在提高自己的学科解题能力。然而，不同的教师因专业境界不同，给出的解题方法也不同。如果学科教师始终沉浸在解出一两道题的成就感之中，那么他就只能为学生提供具体问题的一两种解法；如果学科教师能够轻松地驾驭学科知识，那么他就会超越一道又一道具体题目，为学生提供一类题型的解题方法，或者提供更富指导意义的解题思路与解题原则。

相比较而言，解题方法比学习方法更具有实效性，操作起来也更为具体。可是，学习方法并不因此就没有解题方法重要，也不能因为操作起来有难度，就不操作。其实，我们在批判教育中的"形式训练说"时，也把那些共同的学习方法与能力挡在了教育的门外。比如记忆的方法与能力，在各个学科中都有着重要的作用，但学科教师往往觉得培养这种各学科通用的方法与能力既不是自己的责任，也没有必要，毕竟自己是学科教师嘛。再比如学生的思维能力与逻辑能力，没有哪一个学科的学习离得开它们，但几乎没有一位学科教师会把培养学生的思维能力与逻辑能力视为自己的本职工作。其实，即使学科教师觉得这些能力很重要，但限于自己的学科教学范围，更限于自己的教育教学能力，也不会在这个方面努力下去。

和学生谈论学习中的成就与挫折，教会学生正确面对学习的短期成本与长期收益，指导学生正确地处理学习与生活之间的冲突与矛盾，这就是对学生学习过程的指导。可能绝大多数教师都会认为这是班主任老师的事，自己作为科任教师，没有必要去做这些事，假如去做的话，还有可能得罪班主任老师。可是，如果学科教师为学生带来挫折却不解释挫折的教育意义，只让学生承担短期的学习成本而不为其长远发展支招，只盯着学生学习上的缺位却不去了解其面临的困境，这样的教学对学生有教育意义吗？要让学生好好学习，前提是让学生好好生活，只要学习，不要生活，那么学习就变成了"劳动改造"。要让学生乐于付出学习成本，就得让他们对未来的收益有所期待，不然，学习就成了无穷无尽的偿债行为。要让学生愿意并敢于面对学习挫折，前提是要让他们明白这些挫折的教育意义。由此可见，学习过程指导看起来离学生学习与学科教学都很远，但却是学生是否愿意继续在学习这条路上走下去的决定因素。

6. 如何让学生在课堂中"化动为静"

　　每天到办公室，第一件事就是把昨天用过的杯子洗一遍，然后再倒上一杯干净的水，绝不会把干净的水直接倒在昨天用过的水杯中。相信这样的举动不是我一个人独有的，而是每一位想喝到干净水的人都会采取的。可是，在生活中被大家普遍接受的事实，在课堂教学中却被忘得一干二净：对于好动的学生，我们并不是想办法让他释放好动的能量，而是希望用更多的知识来压抑他的好动；当学生上课打瞌睡时，我们并不是让他先休息一下，而是期待他投入更多的时间，来弥补因瞌睡而落下的学习。这样，结果也就可想而知了。如果我们先让学生满足好动的需要，或者宽容学生先打会儿瞌睡，接下来课堂可能就会更有效率。如果我们在课程安排中就让学生有充分的睡眠与运动时间，那么，在课堂教学中就很少会有学生调皮与打瞌睡了。

一

　　对于差生，我们不但惦记着他们那糟糕的成绩，而且讨厌他们调皮捣蛋的身影；而对于优生，我们经常因他们出色的成绩而骄傲，但似乎很少看见他们在运动场上的身姿。事实上，不管是差生还是优生，都应该既参与学习，也参与运动。但我们往往只看见差生的调皮，而看不见优生的应该运动。

其实，好静是人的本能，好动也是人的本能。从来没有看见过哪个人只静而不动，除非这个人瘫痪了；也从来没有看见过哪个人只动而不静，除非这个人得了躁动症。人总是在静与动之间寻找平衡，这既是个人生理健康的需要，也是他对社会期待的一种回应。在对动与静的关系的论述中，"静如处子，动如脱兔"达到了最高境界。

在学习过程中，既有要求学生动起来的时候，比如体育课、探究课、研究课等，也有要求学生静下来的时候，比如数学课、语文课等。但总的说来，课堂教学对学生静下来的要求，远多于对学生动起来的要求。用较为抽象的话来说就是，要求学生掌握技能或者经验的学习活动，往往要求学生动起来；要求学生学习知识的学习活动，往往要求学生静下来。学校教育以知识学习为主，以技能或者经验学习为辅，这必然要求学生要有静下来的本事，至于学生是否动起来似乎并不特别重要。

由于学校处于以知识与文化取胜的生活氛围之中，长期以来形成了对静的热爱与褒扬和对动的讨厌与批判的习俗。《孟子·滕文公上》说："或劳心，或劳力；劳心者治人，劳力者治于人；治于人者食人，治人者食于人，天下之通义也。"这就意味着以静为主的劳心者，不但在文化习俗上，比以动为主的劳力者有优越感，事实上以动为主的劳力者也的确为以静为主的劳心者所统治。所以，学校更倾向于将学生教育成以静为主的劳心者，而不是以动为主的劳力者。这样教师在课堂教学中"喜静而厌动"也就不再是一件令人困惑的事情了。尽管这样并不科学，但尽可能让学生静下来，却是教师开展课堂教学的前提。

二

虽然课堂教学也有希望学生动起来的时候，但总体上还是以要学生静下来为主。然而，在学生这个年龄，他们动起来的本能成分，可能远多于静下来的本能成分；而课堂教学对他们静下来的本能成分的需要，却又远大于动起来的本能成分。相信老师们在课堂教学中要学生静下来但学生却动起来的时候，远比要学生动起来而学生却静下来的时候要多。这主要表现在两个方面：随着上课时间的加长与上课内容的加深，静下心来听课的学生会越来越少，而调皮捣蛋的学生会越来越多；这个年龄是行为强过意志的年龄，也是行为发育胜过意志发育的年龄，这时的学生比成人更好动，而且控制自己好动的能力又大大地弱于成人。

对于绝大多数以传授知识为目的的课堂教学来说，让学生静下来是课堂教学得以顺利进行的前提，也是学生主动内化学科知识的必经之道。要让学生在课堂中静下来，有三种方法可以使用：一是采用科学的方法把学生动起来的本能成分转化为学生静下来的本能成分；二是想办法把学生动起来的本能成分压下去，不让它有发挥的机会与空间，并尽可能地激发学生静下来的本能，为它的发挥创造机会并提供空间；三是采用科学的方法把学生动起来的本能成分消耗或者过滤掉，把保留下来的具有较高浓度的静下来的本能成分用到课堂教学中来。

如果我们能够把人的一种本能转化为另一种本能，那么只能承认这种本能根本就不是人的本能。天冷了我们就想加衣服，天热了我们就想减衣服，这就是人的本能。在生理感受上，不管外在的环境如何塑造我们，如果天冷了让我们减衣服，我们就会觉得难受；如果天热了让我们加衣服，我们也会觉得难受。由此可见，要把学生动起来的本能成分转化为静下来的本能成分，会分外艰辛，甚至根本就不可行。

把学生动起来的本能转化为静下去的本能，既不可能，估计也不是绝大多数教师的选择；但压抑学生动起来的本能，激发学生静下去的本能，却是绝大多数教师的选择。事实上，通过教师权威在课堂教学中的使用，通过教育收益对学生的引诱，的确可以让学生在一定的时间内压抑自己动起来的本能，而尽可能地激发静下去的本能，从而保证课堂教学活动的顺利开展。但是，这样的课堂教学势必会带来两种我们并不希望出现的结果：

一是这种依靠"威逼利诱"创造出来的教学氛围，它的持久性是值得怀疑的。虽然这种方法可以成功，但绝大多数意志力不够坚定的学生，在不能承受"威逼利诱"带来的学习压力时会放弃学习。一是如果一个人长期压抑自己动起来的本能，又不遗余力地激发自己静下去的本能，必然会让动起来与静下去的本能成分发生永久性的比例变化，这对于学生的健康成长来说是一个不可逆转的代价。

因此，要让学生静下心来学习，而且不因此而改变自己的健康，就只能走第三条路。可问题在于，有多少人在着力于提高学生静下来的本能成分时，还愿意花更多的时间与精力去消耗掉对学习并没有多大用处的动起来的本能成分。尤其是消耗或者过滤学生动起来的本能成分，比通过"威逼利诱"压抑学生动起来的本能成分更艰难时，教师们会作何选择呢？还有，在一个班级里，如果语文老师利用语文课来消耗或者过滤学生动起来的本能成分，而受益的却是非语文学科的老师。在这种情况下，如果你是语文老师，你会这么做吗？尽管这么做可以提高学生多学科的总成绩。

三

要让学生在课堂中静下来，就得先让他们动起来，这应该是一个事实，而不再是一个理论。在课堂教学实践中，还有两个问题没有解决：一是可以采用什么方法让学生动起来，从而实现在课堂教学中让学生静下来的目的；二是在多个学科之中，应该由哪些教师让学生动起来，又应该由哪些教师让学生静下来。因为在教育实践中让学生动起来往往会牺牲特定学科的教学时间与教学效率，尽管会提高学生的整体学习效率；而让学生静下来则可以提高自己所教学科的教学效率与学习成绩。

要让学生动起来似乎并不是一件难事，可有时在学校这个极度好静的地方，为学生动起来安排时间和设计活动（课程）反倒成了一件困难的事情。首先，我们要在心理上接受学生动起来和静下来都是他们的本能，并没有高尚与低贱之分。当然，我们也不能否定不适当的动起来会对课堂教学造成负面影响，不适当的静下来也会打击课堂教学，所以，动与静本身并没有错，关键在于动与静适当与否。因此，学校应建设一种健康的运动文化，而不要一味地将运动视作洪水猛兽。其次，要在课程安排中关注学生动与静的比例。让处于好动时期的学生始终处于静的状态，的确是为难了学生，因此，我们要安排足够的让学生动起来的课程，只有这样，才可能让学生在需要静的课程中静下来。再次，在课堂教学中也要允许学生有适度的运动，只是运动的幅度可以小一点，比如让学生笑一笑，让学生有适当走动的机会，等等。最后，也是最需要强调的一点，既然动是学生的一种本能，如果我们不对它给予合理的安排，就会产生不合理的动。而这不但会影响课堂教学，还会给学生的成长带来持久的负面影响，因为在学习过程中，运动不但起着让学生释放精力的作用，还起着让学生实现劳动力再生产的作用。

既然我们知道应该让学生先动后静，也知道如何让学生先动后静，那么，应该让谁来承担让学生先动后静的义务呢？尽管对学生来说，每天的学习时间都那么漫长，但对科任老师来说，课堂时间却非常有限。对学生来说，在一天的学习时间中抽出一部分时间来开展适度的运动是非常科学的，但对科任教师来说，这却是极大的损失。于是，教师就把科学上非常有道理的做法挡在学校教育，尤其是课堂教学的门外。既然让学生动起来的受益者是所有学科教师，那么，所有学科教师都有义务为学生动起来让出时间，这就需要学校在课程安排上要有整体考虑，而不要将这一义务强加给个别教师。当然，每位教师在课堂教学设计中，也应适度考虑学生的动静结合，不能因为学科知识的重要，就过度地压抑学生动起来的本能。这往往是得不偿失的，因为这既剥夺了学生学习、掌握合理运动方式的机会，也让学生在课堂教学中难以静下来。

7. 环境的育人功能胜过教师

　　教师是"人类灵魂的工程师"，此处"人类灵魂"应该指"学生人格"。影响学生人格的要素，有遗传、环境与情境。教育对这三个要素的影响程度决定着教育塑造学生人格的空间。

　　遗传既是教育的基石，又是教育的天敌。如果遗传因子非常优秀，那么后续的教育就如鱼得水了；如果遗传因子相对拙劣，自然就会成为后续教育难以逾越的障碍。所以我们经常说，天才不用你教他还是天才，笨蛋随便你怎么教他还是笨蛋。这是对遗传要素的形象描述。可是，不管遗传因子对人的成长有多大的影响，它毕竟是固定的，并不具有教育那样的灵活性。不管是天才还是笨蛋，他们从遗传中获得的基因总是固定的，并不以你是否愿意接受而改变。因此，对于既成事实，教育无法改变，它只能改变学生对既成事实的态度，并教给学生如何利用既成事实给自己提供的资源。如果我们以智商作为遗传因子的代名词，那么，每个学生的智商都是一个固定值。于是，留给教育的空间，就是学生用什么样的态度来看待自己的智商，以及采用什么方法来开发自己的智商，从而将智商尽可能转化为现实生活中的实践能力。

　　如果把人对人的教育与环境对人的影响相比较，那么教育是很难有自信的。人在一生中，永远都无法摆脱外在环境对自己的塑造，而且不同的外在环境可以塑造出完全不同的人来。如果出身音乐世家，就对学生音乐潜力的开发更为有利；如果出身教育世家，就对学生学习潜力的开发更为有利。如果学生的家庭并不具有学习音乐的氛围，也不具有学习文化知识的环境，那么，教师对学生音乐才能开发与文化知识教学的有效性就大打折扣了。虽然我们总是希望教育能够为学生学习营造一个好的环境，还希望通过教育来改造学生生活的家庭环境与社会环境，可事实上学校为学生营造的学习环境，仅仅是学生生活环境中一个很小的部分，而且它对学生人格形成的影响是很小的。通过学校营造的学习环境来改造家庭环境与社会环境，可能性就更小了，因为学生受学习环境的影响较小，真正引导与约束学生的仍然是家庭与社会环境。因此，要塑造学生的人格，首先得教会学生适应自己的生活环境，在适应的基础上有所改变与优化。很难相信，一个人在不适应自己生活环境的情况下，就能够直接改造它。

在现实生活中，我们并没有看到遗传因子与生活环境对学生人格的形成产生影响，我们真正可以观察到或者捕捉到的，倒是具体情境对学生人格形成的影响。在我们的印象中，一次有意义的课外活动、一位教师偶然的一句话、学生在一次考试中的偶然发挥，似乎都是改变学生人格的重要事件。所以，我们更乐意把学生生活中的具体情境视作影响其人格形成的关键要素。其实，这种观点是偏颇的，具体情境对学生人格形成的影响远没有我们想象的那么大。我们之所以会形成这样的印象，是因为学生人格的形成，总是在这些具体的情境中呈现的。比如马卡连柯给他学生的那一耳光，似乎骤然改变了一个学生的世界观，其实，这的确是一个错觉。如果马卡连柯不考虑这个学生基本的人生观，不考虑这个学生的人生经历与生活环境，这一耳光可能就不是挽救了一个学生，而是将他推向深渊。其实，学校除了为学生提供一个有利于其人格形成的学习环境外，更多的工作，就是为其人格的形成提供具体的情境。然而，我们对学生人格形成中的情境因素过于乐观，使得我们对教师与教学工作寄予厚望，这样的厚望加重了教师的心理负担，而且因为这样的厚望的确有点言过其实，所以最后大家对教育反倒更觉失望。

8. 日常教学生活有规可循吗

现在的家电越来越实用，也越来越美观，可一个小小的举动，却让我改变了对家电的看法。家里电饭煲坏了，于是我准备自己动手解决这个问题，可打开电饭煲的外壳后，才发现简单的操作键后面隐藏着太多的"机密"，只好无功而返。带着一股兴趣把家里的电话机拆了，把空调盖也打开了，发现简单的外壳后面，无一例外地隐藏着让我看不懂的东西。于是，我想在平淡的日常教学生活的深处又会隐藏着什么呢？可能只有揭示出日常教学生活深处的"机密"，我们才能真正地理解教学，而不是简单地关注外在的"操作键"。

一

只有打开日常教学生活的外壳，走进日常教学生活的深处，才可能真正了解日常教学的奥秘所在。每天应该给学生布置多少作业？教师上课是多讲点好，还是少讲点好？对学生的调皮行为我们应该如何处置？尽管每天都在处理这些事情，可为什么我们会作出不同于其他教师的决策呢？为什么优秀教师在这些问题的处理上总是比我们做得好呢？不管是学习特级教师的课堂教学，还是听教育专家们的理论报告，当时都是容易兴奋与激动的，可一回到日常教学活动中，这些特级教师的经验与教育专家们的理论似乎就毫无用武之地了，这又是为什么呢？

我家的电饭煲刚用不久就坏了。我觉得很是纳闷，于是将电插上，根据说明书拼命地按操作键，结果也就可想而知了。这时我应该骂说明书没用或者说明书搞错了，还是应该请人来修电饭煲呢？其实，说明书仍然是有用的，问题在于电饭煲里面的电子元件坏了或者电路短路了。我们说特级教师的经验与教育专家们的理论没有用处，这是不是与我家的电饭煲事件有相似之处呢？由此可见，支撑我们日常教学行为的并不是特级教师与教育专家们为我们提供的"说明书"，而是我们头脑中形成的"教学思维地图"，它犹如家用电器的电路图一样指导着我们的日常教学行为。平时学习时不仅仅要理解特级教师与专家们为我们提供的"说明书"，更要领悟自己的"教学思维地图"，并对它进行反思、优化与重组。

可是，教师的"教学思维地图"比家用电器的电路图复杂多了，很难理解与重构。首先，家用电器的电路出现故障时可以画出来，而且可以通过具体的电子元件展现出来，但教师的"教学思维地图"存在于教师的教学思想之中，外人无法将之描绘出来，甚至教师本人都表述不清楚。其次，家用电器的电路出现故障时可以用电子仪器诊断出来，并进行修理；而教师的"教学思维地图"出现错误时，不但专家与名师无法诊断出来，就连教师自己也常常不知道问题出在哪里。而诊断并修理家用电器的电路，是我们欢迎的；可要诊断并修正教师的"教学思维地图"，很可能就会伤害教师的自尊心，教师也很可能因此而掩盖自己"教学思维地图"中的问题。

因此，要走进日常教学生活的深处，更为关键的是教师要认识与探索自己的"教学思维地图"，并在现实的教学情境中优化与修正它。我们要有足够的勇气面对它所存在的问题，还要理性地对它进行学习与剖析。

二

支撑教师日常教学生活的"教学思维地图"究竟是什么呢？换句话说，

支配与引导我们教学行为的内在机制是什么呢？就是我们的若干教学假设，是我们对教育教学自认为正确的观念。正是这些观念决定了我们思考教育问题与开展教学活动的基本框架。教学假设包括模式假定、规范假定与因果假定三种，它们对教师日常教学生活有着不同程度的影响。

模式假定是一种潜在的假定，它对教师日常教学生活的影响最为深远。正如数学必须建构在公理之上一样，教师日常教学生活也必须建构在一些基本不变的基本假设之上，这些基本假设就是模式假定。比如，既然我们当了教师，我们就得认可"所有学生都是可教的"，因为如果有学生是不可教的，那么我们就应该取消他们的学籍，这样他们就不再是学生了，因此，"所有学生都是可教的"就成了教师的一种模式假定。由于日常教学生活是非常个性化的，因此，每位教师都可能有自己特定的模式假定，甚至彼此的模式假定是冲突与矛盾的。比如，有的教师认为"教学的最终目的是培养学生自主学习的能力"，而有的教师可能认为"教学就是指导与监督学生的学习"。尽管这些观点不一致，但它们却以模式假定的身份栖居在不同教师的"教学思维地图"之中，被教师们当作"教学公理"而使用。所以，模式假定对教师的日常教学生活起着数学公理般的作用，但却没有数学公理的科学性与具体性，与之相反，它具有主观性与抽象性。

规范假定是指在特定教育情境中我们认为应该采取何种教学行为的假定。这种假定是模式假定的扩展，而模式假定是规范假定的根基。如果有教师把"所有学生都是可教的"作为自己的模式假定，他就会在该模式假定的基础上得出以下规范假定——教师应该为学生的学习负责任。如果有教师把"教是为了不教"作为自己的模式假定，他就会在该模式假定的基础上推理出以下规范假定——在学生犯错误后，应该帮助学生认识错误，而不是简单地责备学生或者帮他弥补错误。所以，规范假定为教师的教学行为提供了一个方向，而且往往以职业道德的方式呈现出来，并要求教师遵守。如果教师在教育实践中没有按照自己的规范假定行动，就会因此而内疚。

因果假定是指导教师开展具体教学活动的假定，它是规范假定在教师日常教学生活中的具体化。比如，因为有教师细致的讲解，所以学生考得更好；因为有教师严格的日常管理，所以形成了班级良好的学习风气。当教师持有以上因果假定时，他们就会在日常教学生活中表现出以下行为：坚持把每一道例题都讲解得非常细致，并让每位同学都听明白，即使牺牲优秀学生的学习时间，也认为那是值得的；严格要求每位学生，即使牺牲学生的个性，也是在所不惜的。

三

教师的"教学思维地图"是由模式假定、规范假定与因果假定构成的，可组成"教学思维地图"的内容又从何而来呢？犹如家用电器的电路图画出来了，可组成电路图的电子元件又从何而来呢？如果要维修家用电器，我们不但要知道电路图，还要根据电路图来检测电子元件。组成教师"教学思维地图"的基本假定，主要来自三个要素：一是社会与学校的教育习俗与传统，二是学校的规章制度与教育政策，三是教师自己的教学知识与教学经验。在这三个要素中，前两个是教师教学行为决策的前提，而不是决定因素，它们是通过影响教师的教学知识与教学经验，尤其是教学经验，来决定教师的教学行为决策的。

每一所学校都有自己的教育习俗与传统。新教师培训，老教师带新教师，教研组组织的各种活动，学校组织的各种公开课与示范课，都是学校及老教师向新教师渗透教育习俗与传统的方式。对于绝大多数教师来说，接受并适应这样的教育习俗与传统是在这所学校安身的前提，而少数无法适应的教师就只好走人了。即使是富有创新精神的教师，也必须以适应，甚至内化学校的教育习俗与传统为前提。大家都非常清楚，只有适应这所学校，并表现得非常优秀，才有资格与可能来改造这所学校。

学校的规章制度与教育政策，是教师必须遵守的教学规则。尽管要求教师必须遵守，但并不因此而直接规定教师的教学行为，毕竟教师对于如何执行学校的规章制度与教育政策还是有自己的专业自主性的。学校的规章制度与教育政策集中体现了国家与学校的教育利益。在课堂教学中，在考虑如何满足国家与学校教育利益的同时，还需要考虑如何满足教师与学生的教育利益。比如，国家与学校往往要求教师要有无私奉献的精神，可教师与学生却希望教师能够在自我学习上投入更多的时间，来提高教师的专业能力与课堂教学效率。学校的教学习惯与传统主要影响教师的模式假定与规范假定，而规章制度与教育政策是典型的规范假定。两者并不直接影响教师的教学行为，但却是教师形成因果假定的重要前提。

教师的教学经验与教学知识是直接决定教师教学行为的要素。塑造教师教学经验的远不止教师个人的教学经历，还有教师以前的求学经历，以及从同事教学经历中获得的感悟和学习教学案例的收获。教师的教学知识来自以前的课程学习，也来自自己的日常阅读。不过，不管是从书本中获得的教学知识，还是从同事处获得的感悟，还是对自己过去的经历的体会，都不可能对教师未来的教学形成具体的指导策略。还需要教师结合未来教学的情境与目的，在未来的教学行动中不断优化自己的教学经验与教学知识，去调整自己关于教学行动的因果假设。

第四辑　课堂中的"学生"

1. 善待学生的"无知"

当你很饿的时候，往往会饥不择食；可当你匆匆填饱肚子时，就只能对满桌的美食望洋兴叹了，也只有到了这个时候，你才会想起应该善待自己的饥饿感。本来可以用自己空空的胃饱尝人间的美味，谁知在匆忙之间只是塞下了一些果腹之物。同样的道理，我们却很难在教育过程中悟出来。学生的无知与我们的饥饿感相类似，当我们用成人的眼光打量学生时，发现他们是那么无知，于是，我们便迫不及待地帮助他们囫囵吞枣似的学习学科知识。可是，当学生的"无知"被那些他们并没有理解的学科知识填满时，他们也就不再有兴趣与能力学习其他知识了。这些没有被学生理解的学科知识，既占领了他们继续学习的空间，又消耗了他们继续学习的兴趣。

一、"无知"蕴藏着更大的"有知"

牛犊刚生下来不久，就可以自由地行走；而人要学会走路，没有一年左右的时间是不大可能的。将两者一对比，就显现出了人在成长过程中的弱小与无能。但是假以时日，人就能够显现出他的巨大优势：牛犊因为迅速地掌握了四脚走路，从而习惯并依赖于四脚走路的方式；而人经过长期对行走的学习与操练，最终学会了两脚走路，让解放出来的双手去创造更多的智慧。动物比人类成熟得快，但其智商总是停留在两三岁的时候；而人类比动物成熟得晚，但其智商却随着年龄的最初增长而不断增长。即使我们能够让人像动物一样成熟得很快，可我们愿意智力永远保持在两三岁时的水平上吗？

与其他动物相比，幼年人的弱小与无能远不只表现在行走上。婴儿没有任何能力保护自己，更别说为自己的生长创造条件了。可是，正是婴儿的无能与无知，才赋予了他学习的欲望与空间。婴儿的学习完全是从零开始的，它与学校教育完全不一样，完全是为了自己的生存与生长，所以它是主动的，学习的动机也是明确的。当婴儿在语言与行为的学习中感受到自己的成长时，他就喜欢上了学习，并养成了学习的习惯，而正是连续不断的学习活动成就了人类的智慧与伟大。所以，婴儿的无能与无知，反倒是大自然给予人类的最大的奖赏。

虽然饥饿感为美食预留了空间，但如果我们急于消除这种饥饿感，可能就会连对美食的兴趣也过早剔除了。只有人有了一定的饥饿感，才有可能对美食产生足够的兴趣，才会为品尝美食预留空间。同样的道理，我们也不能过度地发挥成人的主动性，去过早地填补婴儿的无知，过度地开发婴儿的潜能。因为婴儿的无知与无能是一种潜在的教育资源，这为他将来的有知预留了发展空间。当开发这种教育资源的技术还不够成熟时，或者开发的时机还没到来时，这样的开发其实就是对这种教育资源与教育空间最大的浪费。

二、教育从对"无知"的宽容起步

一个4岁孩子的无知和一个40岁成人的无知，有着本质性的区别。前者为未来的有知预留了成长空间，后者是把成长空间填满了以后仍然无知。作为成人，在我们饱尝了无知的代价之后，就急于把4岁孩子因为无知而预留的成长空间填满。虽然孩子的成长空间没有得到填充，他就会表现出无知，可如果填充进去的东西本身没有价值，或者孩子理解不了填充进去的东西，那么，哪怕这些东西被成人认为非常有价值，孩子也仍然会表现出无知。在现实生活中，我们往往为了避免孩子因为没有得到填充而显现出无知，而使他陷入了因填充了无用的东西或者无法理解的东西而显现出来的无知之中。

在道义上，我们填补学生的无知，是在帮助学生从无知走向有知。可是，如果我们把学生的无知当作一种成长的空间，当作学生走向成熟的教育资源，我们就没有足够的理由过早或者过晚地填补学生的无知了。如果过早地填充学生的成长空间，学生就不会为未来的成长预留空间；如果过晚地填充学生的成长空间，学生就会在成长的路途上掉队。因此，教育不仅仅是填补学生的无知，还要选择适当的时间，为学生填补适当的内容，没有适当的时间与适当的内容，我们就不是在填补学生的无知，而是在浪费学生为将来的有知而预留的空间。

过早地填补学生的无知，虽然不会遭到他人的谴责，但并没有太多成功的例子。可越来越多的家长与教师却有意无意地希望尽快填补学生的无知，让他们尽早地走出无知的领域。因为在家长与教师的心目中，走出无知状态的学生似乎马上就走进了有知的世界。其实并非如此，如果家长与教师急着把原本应该处于无知状态的学生赶出无知状态，那么学生的成长空间就会被那些枯燥乏味的知识，至少在学生自己看来是枯燥乏味的知识所填满。而这些知识并不见得可以让学生变得有知起来，但却实实在在地占据了那些原本可以让学生变得有知起来的、真正的知识空间。因此，即使我们在恰当的时间填满了学生的成长空间，还得看我们向学生成长空间中填充的究竟是什么东西。如果这些东西本身没有价值，或者有价值但学生根本就理解不了，那么，这种填充就没有任何教育意义。与其填充这些没有价值的东西，还不如不去填充，这样至少会让学生对知识有所向往，有所敬畏。

三、从无知到有知的教育之道

善待学生的无知，并不是说要漠视学生的无知，也不是说要急于消除学生的无知。教育要求我们既要有宽容学生无知的气度，也要有消除学生无知的智慧。可不管是教师还是家长，面对学生的无知时都充满焦虑，恨不得片刻就把学生变成一个神童。这种心情是可以理解的，但在学生的无知面前越是焦虑，越是表明我们缺少宽容学生无知的气度。如果在学生无知面前只是焦虑，我们更无法获得消除学生无知的智慧。在这种情况下，我们除了鲁莽地"拔苗助长"之外，还能采取什么有效的教育方法呢？拔苗助长牺牲的是青苗，可又有谁愿意牺牲自己孩子或者自己学生的未来呢！

要宽容学生的无知，就得对学生的无知有正确的认识。作为学科教师，在我们苦口婆心地把课讲了几遍后，学生还是不会做题目，还是一脸茫然地望着你，可以想象这时我们会有什么样的心情。相信不会有教师认为此时学生的无知是为了将来的有知！可是，如果你不这样认为，又怎么办呢？对于教师来说，重要的并不是去判断学生是无知还是有知，而是要知道为什么学生会处在无知的状态。其实，如果我们不去追究学生为什么无知，就会因为学生无知而责怪学生；如果我们知道了学生为什么无知，责怪学生的可能性就会大大降低，想着如何帮助学生的可能性就会大大增加。

在课堂中宽容学生的无知，并不意味着要纵容学生的无知。学生听不懂你讲的内容，不管是你还是你的学生，都不愿意面对这样的事实，可我们又必须接受。只不过接受事实的目的，不是让这个事实延续下去，而是如何从这个事实起步，直到改变这个事实。如果我们把学生的无知当作教育的起点，那么就可以避免教师与学生之间的相互抱怨与责怪，从而把学生的有知确立为教师与学生共同的目标，毕竟学生上课是想让自己听懂的，而教师也是想让学生听懂的，两者在目的上并没有冲突。

在课堂中善待学生的无知，是指教师对学生的教育要循序渐进。可问题在于，这个"序"是什么序？课堂教学要遵循的顺序有很多，最重要的有教材的编排顺序与学生的学习进度。当教师以教材编排为序时，可以确保讲完所有的教学内容，但无法确保学生学完所有教学内容；当教师以学生的学习进度为序时，无法保证教学内容都能讲完，但可以保证讲过的内容学生都能学完。从道理上看，前者是对教材负责，后者是对学生负责，教师似乎更应该选择后者，可事实上，教师往往选择以教材编排而不是学生学习进度为序。以学生学习进度为序是对教学过程负责，以教材编排为序是对教学结果负责。假设学生考差了，可所有教学内容你都讲过了，那就不是你的责任，而是学生的责任了；如果你讲的内容学生都接受了，可教材上的知识你没有讲完，此时学生考差了，你就得承担责任，而学生也可以借机推卸责任了。

　　所以，善待学生的无知，不但需要教师有宽容学生无知的度量和改变学生无知的智慧，还需要教师有宽容学生无知的勇气与改变学生无知的责任感。现在的家长拼命花钱让孩子进好学校，拼命花钱让孩子补课，拼命花钱让孩子上各种兴趣班，估计没有几个家长想过这样的教育是拔苗助长，即使想过也仍然这么做，道理很简单——只要"拼命花钱"了，孩子以后就不会怪家长了。可惜，家长并不是在用教育智慧，而是在用"拼命花钱"去改变孩子的无知。其实，这并不是承担责任，而是推卸责任。这与教师以教材编排而不是学生学习进度为序类似。家长尚且用"拼命花钱"来推卸教育孩子的责任，教师以教材编排而非学生学习进度为序也就不足为奇了。

　　的确，要让孩子变得有知，肯定得花钱。可是，只是拼命花钱，有可能让孩子变得有知，也有可能让孩子越来越远离有知，这取决于家长是否在合适的时间为孩子获得合适的教育花钱。如果时间不合适，或者为孩子提供了不合适的教育，那么，这不但不会让孩子变得越来越有知，反而会让孩子越来越讨厌教育，并因此而耽误了让孩子变得有知的机会。同理，要让学生掌握学科知识，教师肯定要给学生上课，可是，只是拼命上课，并不一定有助于学生掌握学科知识。对教师来说，重要的不是上课，而是上课的方式是否能够让学生接受，上课的内容是否能够让学生理解。否则，学生只会因为上课枯燥与乏味而讨厌上课，只会因为理解不了学科知识而讨厌学科知识，结果不但没有掌握学科知识，反而讨厌学科知识，讨厌学习与学校，从而失去了获得有知的机会。

2. 用宽容为教育开路

在生活中，我很喜欢随心所欲地唱歌，不用按照固定的调子，还可以自由地窜改歌词，我觉得这就是生活的自由与乐趣。但这样的唱法实在难登大雅之堂，在卡拉 OK 厅里就倍感尴尬了：嗓门特别大，没唱几句就跑调，就连屏幕上显现出来的歌词，也被改得面目全非。跑调时，朋友们总会善意地提醒，但这并没有让我找回感觉，反而让我对唱歌不但失去了兴趣，还失去了信心。其实，我需要的远不只是提醒，更需要朋友们的宽容，以及宽容之后的帮助与教育。然而，在教育中，我们给予学生的，究竟是"善意的提醒"，还是"宽容之后的帮助"呢？

一、站在学生对面的教育

面对一群调皮的学生，你是惩罚他们，还是表扬他们？

调皮肯定是不对的，学生也不应该调皮。从道理上讲，当然应该惩罚学生。可是，惩罚真的可以消除学生的调皮吗？有多少调皮的学生没有接受过惩罚呢？在教育实践中，被惩罚次数越多的学生，往往越有胆量去调皮；越是调皮的学生，被惩罚的次数往往越多。所以，虽然不敢说惩罚会导致学生更加调皮，但也无法证明惩罚可以消除调皮。教育并不是简单地让学生知道调皮是正确的还是错误的，相信绝大多数调皮的学生早就意识到了调皮是错误的。教育真正的目的是要帮助学生消除调皮行为，而惩罚并不能达到这个目的。

认真学习与努力调皮，并不是一对反义词，而"不作为"才是它们共同的反义词。在职业生涯中，教师往往记得住优生，也记得住差生，至于那些默默无闻的学生却忘记得干干净净。也只有到这个时候，教师才发现最浪费教育资源的，既不是优生，也不是差生，而是那些在记忆中消失得无影无踪的学生。是故，优生有优生的优秀，差生也有差生的优秀，只是看我们用什么标准去评价他们了。教师与调皮的学生之所以越走越远，教师的教育行为对调皮学生的影响之所以越来越小，就在于我们对"差生的优秀"的漠视、对"优生的优秀"的推崇。对待调皮的学生，我们可以指责调皮行为本身的不正确，但更应该看到学生在调皮行为中表现出来的能力与优秀，因为这是让差生走出困境的原动力。

调皮的学生，既不需要教师的惩罚，也不需要教师的表扬，只需要教师对他们深深的理解。不管是惩罚，还是表扬，都只是教师对待调皮行为的态度，并没有触及学生为什么要调皮，学生在调皮中显现出了什么能力，怎样才能让学生远离调皮等问题。每个学生都知道调皮是不应该的，可为什么还要调皮呢？这一定有特殊的原因。难道我就不想把歌唱得字正腔圆吗？我也想，可我哪有那么多时间去练习呢！学生在调皮中表现出的能力，虽然不应该用在调皮上，但毕竟也是一种能力，对这些能力的发掘与欣赏是教师走近学生并获得学生认同的主要途径。那么，我们如何才能帮助学生远离调皮呢？记住，应是学生自己离开调皮，教师只是"帮助"他们，而不是"命令"他们。

二、让理解走在教育的前面

在《放牛班的春天》这部影响甚广的教育影片中，有两个对教育持有不同见解的人：一个是校长，他认为教育就是执行"行动—反应"原则，当学生表现好时就给予奖励，当学生表现差时就给予惩罚，以此塑造学校与社会需要的学生；另一个是马修老师，他认为教育就是顺应学生的潜力，营造良好的学习环境，提供较好的学习条件，从而让学生表现出最完美的自我。这两个人在学校里实施着完全不同的教学行为，自然也就起着完全不同的教育作用。学生们恨死了这位校长，并在与校长的对立中滑向调皮的深渊；学生们爱死了马修老师，并在他的鼓励下逐步走向学习的天堂。

在执行"行动—反应"原则的时候，校长只需要明白自己希望学生成为什么样的人，而没有必要去了解学生的学习潜力与学习状态。他相信不管学生的学习潜力与学习状态如何，在奖励与惩罚面前，他们都会主动地向自己期待的目标靠拢。可是，事情似乎并没有按照校长的预期那样发展下去。当校长奖励优秀的学生时，这些学生逐渐将学习的内在乐趣，转化为对外在奖励的追求，最终为了逃避外在奖励带来的压力，而放弃对学习过程的坚守；当校长去惩罚那些调皮的学生时，原本为自己的调皮行为而自责的学生，现在因为受到了校长的惩罚而变得心安理得，甚至为自己持续不断与变本加厉的调皮寻找坚实的理由。正是在这样的教育背景下，马修老师来到了这所校长与学生严重对立、教学与学习严重对立的学校。

学生送给马修老师的礼物，就是把他们调皮的本事都用在他的身上。尽管校长用严厉的批评为马修老师解了围，但马修老师并没有领校长的情，而是帮学生说话。学生并没有因为马修老师帮他们说话，就信任马修老师，这是需要时间的。校长严厉的批评可以让学生在瞬间安静下来，但却积累下了无穷的冲突与矛盾；马修老师善意的话语并没有制止住学生的调皮，但却在学生的内心赢得了学生的尊重。当面对一件又一件学生调皮的事情时，马修老师总是回避调皮事情的本身，而主动地与调皮事情相关的学生交流。他不是对调皮的学生施以惩罚，而是给予他们宽容、理解与支持，并最终把他们带出了调皮的困境。

学生之于调皮，犹如婴儿之于脏水，如果我们因为调皮就制裁学生，这与将婴儿和脏水一起倒掉有什么区别？学生调皮，既有其自身的原因，也有生活环境的诱发，我们需要的是去除引诱学生调皮的环境因素，而不是把棍子打到学生的身上。其实，学生把自己的才能用到调皮活动而不是学习上，他本身就付出了很大的牺牲。我们只有真正明晰调皮活动的发生机制，才不会一味地去指责学生。相反，我们就会同情学生在调皮活动中作出的牺牲，理解学生在调皮活动中的无奈，宽容学生在调皮活动中产生的结果，发掘学生在调皮活动中显现出来的能力，最终帮助学生一步一步地走出让他们调皮的生活环境。

三、站在学生那面的教育

　　站在学生那面，并不是去纵容他们，而是接受学生的现状，理解学生的现实。不管学生的现状如何，这都是既成事实，都是学生过去不断努力的结果。如果我们过度地否定学生的现状，不仅会打击学生的积极性，还会否定学生的潜力与能力。当一个学生在数学考试中只得了 24 分时，你会怎么想呢？你是觉得这个学生太笨，还是觉得这个学生不够努力呢？其实，既然学生笨是个事实，就没有必要天天用这个事实去打击学生了。再说，学生这么笨，居然还考了 24 分，这样的学生学习态度还真不错，就凭这个态度，说不定下次就会考 34 分呢！如果我们只是一味地责备学生，就再也看不到这个学生考好的那一天了。

　　站在学生那面，就意味着教师既不可能直接改造学生，也不可能替代学生，而是做学生的欣赏者与鼓励者。教育一个人，并不是让你去改造他，而是让你去塑造他。改造是站在学生的对面，挑出学生身上的刺与不足，然后再为学生嫁接上美丽的花朵；塑造是站在学生那面，通过发掘学生身上的潜力，改进学生身上的不足，从而在学生身上培育出美丽的花朵。两者的目的都是把学生培育成美丽的花朵，但过程却完全不同，师生感受也完全不同。当我们想改造一个学生时，就预设了学生本身的局限性与不健全性，于是，我们只好用外在的力量去消除它，这时学生只能感受到外在的压力。

可是，当我们想塑造一个学生时，就预设了学生自我成长的可能性，这也预示着我们对学生成长的期待，让学生对自己的潜力与能力充满信心，让他们能够时刻感受到来自教师的鼓励与帮助，这时学生在学习上必将动力满满。

　　站在教师这面，在教学设计与处理教育问题时，教师总是根据自己的经验与知识来展开，这也容易显现自己的智慧。可是，如果教师站在学生那面，教学设计就要根据学生的经验与知识来展开，而这更容易让他人看到学生的智慧而非教师的智慧。虽然前者更容易让教师出彩，更容易让他人看到上课教师的价值与能力，但后者的价值才是真正的教育价值。尽管它不能直接体现教师的能力，而是通过学生的学习幸福感与学习有效性来展现，但这才是真正的教育，而非作秀的教育。

3. 让学生越学越自信

在生活中，把成功的原因归为自己的能力不错，把失败的原因视为机会不好的人，往往是乐观的，而这些人也易于成功；而把失败的原因归为自己的能力不足，把成功的原因视为机会不错的人，往往是悲观的，而这些人也易于失败。这种情况在学校中也非常普遍：有的学生虽然成绩不好，但自信满满的；有的学生虽然成绩还不错，但自卑情节却不轻。对于这种情况我并不感到意外。学生对自己成绩好坏的归因不同，最终对自己学习能力的认识也就不同。对自己学习能力充满信心的人，哪怕在学习上遭遇到不少挫折，也能越挫越勇地走下去；而对自己学习能力没有信心的人，即使在学习上不断取得成绩，也总是提心吊胆地走着。学习是一个漫长的过程，也是考验学生学习信心的过程，为了让学生在学习的征程上走得更有信心，走得更远，就有必要培养学生积极的归因意识，让他们在学习过程中不断证明自我。

一、透过"当下的成绩"看学生"长远的信心"

一位小朋友来信告诉我最近自己很郁闷，因为考试成绩忽上忽下，自己也不知道原因。这位小朋友正在读小学四年级，在我看来，这个年级最为关键，这时，学生不再简单地因为考试成绩好而兴高采烈，也不会因为考试成绩差而沮丧不已，他们已经开始通过考试成绩来判断自己的学习能力，并据此预测自己的学习潜力与未来，而这些决定着他们对学习的信心与兴趣。于是，我在给他的回信中写道：其实对于你的未来来讲，目前的成绩并不重要，重要的是你对读书还有没有兴趣，你对读书还有没有信心。也不知道这些抽象的文字是否能够让他领会到我的本意，但如何让学生超越眼前的成绩，来树立自己对未来学习的兴趣与信心，却应该成为教育者关注的课题。

在人生的不同阶段，有着不同的学习潜力等着我们去开发。在学生阶段，开发学习潜力的成果就表现为考试成绩。此时，学生还处于未成熟阶段，因此，我们有必要为他们学习潜力的开发提供帮助，这项工作主要由教师来承担。由于我们把学生阶段又细分为幼儿园、小学、初中、高中与大学，因此，不同阶段的教师就只能帮助自己所属阶段的学生开发学习潜力。为了督促教师尽其所能地帮助学生开发学习潜力，就将学生在这个阶段获得的考试成绩，视为教师帮助学生开发学习潜力认真与否的标准。我们天真地认为，如果每个阶段的教师都认真地帮助学生开发学习潜力，那么，学生在每个学习阶段都会取得良好的学习成绩，从而在学习的征程中，毫无耽搁且信心十足地走下去。

可是，不同学习阶段并不是完全独立的，不但前一个学习阶段的学习结果会影响后一个学习阶段的进程与效率，更重要的是，学生在前一个学习阶段对自我学习能力的评价，会以学习兴趣与学习信心的形式，影响到学生下一个学习阶段的学习效果。前一学习阶段在知识准备上对后一学习阶段的影响，是大家都容易关注到的。也正因为大家都关心这个问题，所以，教师也就更关心在自己这个学习阶段学生的学习成绩。可是，前一阶段学习过程和结果对学生评价自我学习能力的影响，却往往被大家忽略。教师为了让学生获得最好的成绩，往往通过同学间成绩的比较，希望学生"知耻而后勇"，用尽全力来学习，但这却让学生对自我学习能力的评价越来越低，从而沉重地打击了学生在学习上的自信心，使之丧失了对继续学习的兴趣。这是对下一阶段，甚至学生后续人生继续学习的致命打击。只要学生对后续学习有信心与兴趣，哪怕有知识准备上的不足，也是可以慢慢弥补的；可如果他对后续学习没有了信心与兴趣，前期准备的知识也就不再有多大的意义。

二、在"积极归因"中寻找"学习自信"

积极归因一定要尊重事实，否则会彻底颠覆学生因积极归因而获得的学习自信心。诚然，要让学生对自己的学习能力有正面的肯定，最好的办法就是让学生拿出好成绩来，多次取得优秀成绩对学生自信心的培养，比任何积极归因都更有效，也更有说服力。可问题在于，需要积极归因的学生，往往就是拿不出优秀成绩的学生，尤其是无法多次取得优秀成绩的学生。他们可能曾经有过优秀成绩，或者学习情况总是处于不稳定的状态。这时候，他们需要的并不是教师拿假成绩或者不客观的学习情况评价去激励他们，而是教会他们如何积极地看待学习成绩的变化，如何积极地、面向未来地评价自己目前的学习状况。当教师对学生不理想的学习成绩与并不优秀的学习表现仍然给予非常高的评价时，学生并不会因此而更有学习自信心，反而觉得这是教师在同情他或者欺骗他。

把学习成就归因于内在的、可控的与稳定的学习因素，可以提高学生对自我学习能力的评价水平。将学生掌握知识的数量与教学要求相比，学生可能永远都处于失败的境地；而将学生掌握知识的数量与他过去的知识储备相比，他永远都在取得进步。因此，虽然有些学生考试成绩不理想，但他们在知识掌握上的成就却是实实在在地存在的。因此，学生是越学越有信心，还是越学越没有信心，既取决于学生与教师能否寻找到学生的成功之处，也取决于学生如何就自己的成功进行归因。对于自己取得的学习成就，如果学生认为是自己学习能力的表现，是自己刻苦学习的回报，由于这些因素要么是稳定的，要么是自己可以控制的，他们就会对自己未来的学习充满信心。但如果他们认为取得这些成就是因为学习内容比较简单，考试题目没有难度或者自己运气特别好，由于这些要素要么是变化的，要么是自己无法控制的，即使他们今天取得了学习成就，但对明天是否还有可能取得同样的学习成就仍然没有足够的信心。

把可以解决的学习问题归因于内在的、可控的因素更有利于问题的解决。与教学目标相比，学生取得学习成就是绝对的，学生遇到学习问题也是绝对的，哪怕在考试中取得满分，也不能证明他已经完全达成了教学目标。其实在教师眼中，学生存在的学习问题往往比学生取得的学习成就更多。学生之所以出现学习问题，有些是由于学生个人的原因，有些是基于学习环境的原因；有些是由于学生能力范围内的原因，有些是由于学生能力范围外的原因。所以，教师与学生有必要将学习问题分为可以解决的与不可以解决的两类。对于可以解决的学习问题，要明晰问题产生的原因。为了让学生有信心在以后的学习过程中解决这些问题，就得把原因归结为学生可以控制的因素和学生自我的因素。比如，把学习问题归因于学习不认真，往往比归因于学习能力不够更有利于问题的解决，因为后者并不在学生的控制范围之内。把学习问题归因于学生上课不会记笔记，往往比归因于教师教得不明确更有利于问题的解决，因为后者是外在于学生的因素，学生既没有改变它的责任，也没有改变它的能力与可能。

把不能解决的问题归因于外在的、不可控的、不稳定的因素有利于学生学习兴趣的保持。受制于学生的能力与外在学习环境，不管是教师还是学生，能够解决的学习问题往往是少数的，大多数学习问题都是无法解决的。哪怕有些学习问题在别的学生身上根本就不成其为问题，但在特定学生身上可能就是无法解决的问题，毕竟人与人的能力不同，成长经历与成长环境各异。因此，对于那些不能解决的学习问题，教师要帮助学生做好归因工作，避免学生因此而丧失对学习的信心。教师不要把这些学习问题与学生自身的能力与态度联系起来，比如，认为这些问题是学生学习不够认真导致的，可当学生非常认真后仍然存在这些问题时，那就会让学生感到学习无望了。另外，也不能把无法解决的问题视为稳定因素所致，比如，把学生数学成绩不好视为数学本身太难，这就会使得学生在以后的学习过程中一见数学就发愁，还没有学习就打起退堂鼓来。

三、课堂教学中的积极归因策略

就一堂课而言，如果学生不听课，他自己往往要承担更多的责任；但如果学生堂堂课都不听，可能教师就要承担更多的责任了，只不过这儿的教师不一定是现在上课的教师，有可能是曾经给这些学生上过课的其他教师。学生之所以不愿意听课，原因有很多，但其中一个非常重要的原因，就是教师在课堂教学中的归因，容易把学生置于一个失败者的境地。试想，当教师把一道题目讲了两三遍，学生还没有听懂的时候，还会有多少教师会认为是因为自己笨而讲得不够清晰呢？又会有多少教师会不认为这是因为现在的学生越来越笨呢？因此，要让学生越来越喜欢课堂教学，除了要上好每堂课之外，对课堂教学中各种现象进行积极归因也起着非常重要的作用。

第一，当学生不积极听课时，由于立场不同，学生往往把不听课归因于外在的因素，而教师则往往把不听课归因于学生内在的因素。当我们去问学生，为什么上课不听课时，学生给出的原因要么是自己听不懂教师的讲课内容，要么是教师的上课方法实在太没有情趣，很少有学生会认为是自己主观上不想听课，或者是自己不喜欢学习。而教师的解释，则主要是现在的学生是多么的不爱学习，他们把上课当作是多么艰巨的任务。正因为师生对此进行完全不同的归因，而且各自都对自己的观点深信不疑，于是师生间的冲突自然越来越大。学生认为，自己不听课是因为教师讲得不好，可教师还不承认，这样的教师自然是更不好；教师认为，学生自己不想忍受听课的艰辛，却将原因推到老师身上，这样的学生自然是太不好了。因此，教师把学生不听课的原因归结在学生身上，哪怕这是事实，也只会让学生越来越不喜欢听课。

第二，当学生在课堂上有好的表现时，学生乐意将好的表现归因于自己的能力，可教师却希望学生看到自己不足的一面，通过对自己不足的弥补，再接再厉取得更大的成绩。学生对自己知道什么是非常清楚的，但对于自己还有哪些东西不知道，却是非常模糊的，所以容易看到自己成功的一面。但教师对学生还有哪些东西不知道是非常清楚的，且往往把学生已经知道的视为理所当然，所以更容易看到学生失败的一面。时间长了，学生会因教师总是看不到自己成功的一面，而处处看到自己的不足，觉得这是老师在挑自己的刺，于是不但会越来越不喜欢教师，还会对自己曾经因为成功而建立起来的学习自信心感到怀疑。因此，教师要让学生喜欢学习，就要多对学生成功的方面进行归因，这样有利于培养学生的学习自信心。对学生失败的方面要心知肚明，还要清楚这并不是学生的过错，而是需要学生进一步努力而已。

第三，就学习的成就感而言，学生并不关注知识掌握的多与少，而重视教师对学习过程的评价与归因；教师则正好相反，对学生掌握知识的多与少非常关注，但对于学生的学习过程则容易疏忽。当教师对学生的学习现状进行分析时，会指出哪些知识掌握了，哪些知识还没有掌握，并认为这是"对事不对人"的客观评价。学生则会把教师的"客观分析"记录下来，并去揣摩教师做这样的"客观分析"究竟是想表达什么：是认为我这段时间的学习取得了进步，还是嫌我在这段时间的学习中还不够努力，还是认为我虽然努力但却太笨了呢？正是在这个不知不觉的过程中，学生的学习兴趣与学习信心受到了影响。因为这个过程对教师来说是不知不觉的，所以，这样的影响往往是消极的。

要让学生好好学习，就需要教师与学生面对事实，用成就来证明学生的能力，从而让学生对自己的学习充满信心。可事实上并不这么简单，学生在学习上总是成功与失败并行，这就得看教师与学生，尤其是教师，有没有关注学生成功的习惯。面对学生学习上的成功与失败时，究竟是选择积极的归因方式还是选择消极的归因方式，决定着学生对待未来学习的兴趣与信心。的确，学生是否掌握了当下的知识，对于学生未来的学习有着重要的影响；但是，学生是否从当下的学习中获得了兴趣与信心，对学生未来学习的影响才是决定性的。

4. 莫给学生变差的机会

随着生活质量的提高，新生婴儿的智力水平明显上升了；但随着教育条件的改善，学校生源质量却在逐步下降。这就让人觉得奇怪了，为什么父母生下来的孩子越来越聪明，而学校接受的孩子却越来越笨呢？道理很简单：父母会用孩子的聪明来证明自己的聪明，而学校则会用学生的愚笨来证明自己的聪明。所以，父母更乐意看到孩子聪明的一面，而校长与教师则更乐意看到学生愚笨的一面。很可惜的是，孩子受到父母教育的机会越来越少，而受到校长与教师教育的机会却越来越多。这使得暴露孩子愚笨的机会越来越多，发现学生聪明的机会越来越少，这也可以用来解释为什么现在差生越来越多了。

一、差生的存在是必然的

尽管学校在不断地回避"差生"这个词，但"差生"的确越来越多，并没有因为学校不使用这个词而有所减少。其实，我们没有必要去掩盖学校存在差生这个事实，否则，只会欲盖弥彰，更加刺激、伤害差生。在现实生活中，差生是与优生相对而言的，因此，判断一个学生是差生还是优生，要以特定的评价标准为依据，而且这个评价标准必须是单一的。

如果只让学生学数学，那么数学成绩好的就成为优生，数学成绩差的就沦为差生了。但如果学生既学数学，又学语文，学生 A 数学成绩好但语文成绩差，而学生 B 语文成绩好但数学成绩差，我们就无从判断他们俩谁是优生谁是差生了。可是，如果将数学成绩与语文成绩简单相加，那么，总分高的就成了优生，总分低的就沦为了差生。尽管我们知道不应该把一个学生的数学学习能力与他的语文学习能力简单相加，可一旦我们为学生评价设置了一个语文与数学"总成绩"的指标，也就必然会区分出优生与差生来。

在差学校会存在差生，在好学校同样会存在差生。不管是班主任还是学科教师，一旦接受一个班级，就必须接受班上有差生的事实。只不过学科教师眼中的差生与班主任眼中的差生并不必然重合而已，而且不同学科的教师，他们眼中的差生也有很大的差异。学科教师眼中的差生，是自己所教学科成绩较差的学生，班主任眼中的差生是总成绩较差的学生。

只要你用一个标准来衡量学生，不管这个学生群体的总体水平是高还是低，都必然会区分出若干优生与若干差生来，这就是我们讲的"差生的存在是必然的"的道理。既然差生的存在是必然的，我们又应该如何去看待差生呢？从刚才的分析中我们知道，不管班级学生如何努力，都必然会区分出差生来，因此，对待具体的差生似乎没有必要大惊小怪，也没有必要兴师问罪。他之所以成为差生，与他是否努力并没有必然联系，而是因为有了这个他无法逃脱的评价机制。如果换一个评价指标，差生可能就不再是他，而是另外一个倒霉蛋了。

在一个班级中，教师的教学情绪很容易受差生影响，但是教学设计却很少受差生影响，在极端的情况下，差生往往会成为教师教学的盲点而被忽略。从提高教学效率的角度来看，教师的教学情绪更应该受优生影响，而教学设计更应该受差生影响，因为差生暴露出来的学习问题，不但更多，而且更为本质。差生身上存在的这些学习问题，是教师教学设计的指明灯，是一笔宝贵的教学资源，对于提高教师的教学效率极为有利。

二、差生的形成是偶然的

尽管班上肯定会有人沦为差生，但有谁愿意成为差生呢？可是，诸位老师公认的差生却似乎没有表现出不愿意的情绪，反倒认可了这样的事实，有时还觉得这样蛮好。其实，一个心态很好的学生，就应该在"愿不愿意成为差生"这个问题上，表现出极度的不愿意；可一旦成为差生，就应该坦然地接受这个事实，否则，他就没有办法在这个班集体中学习下去，更别说生活下去了。

在人人都不愿意成为差生的情况下，最后又是谁沦为了差生呢？如果说是班上最不聪明的人沦为了差生，相信绝大多数教师都会不赞成，因为班上成绩最差的学生智商往往不低，只不过他们把自己不低的智商用在了学习之外而已，这也是让教师感到难过的地方。如果真的因智商低而成为差生，或许大家还容易接受。可是智商低的学生往往更执著于学习，用他们积极的态度来弥补自己智商上的不足，从而避免沦为差生。既然智商低的学生都可以用努力来弥补自己的不足，而那些智商不低的学生却成为了差生，这就意味着他们成为差生的原因是主观的。

差生的产生是非常偶然的。数学成绩差的学生往往不是因为对难题无计可施，很可能是因为做"两位数加减"时粗心或者偷懒了，或者是因为与数学教师的关系紧张；英语成绩差的学生往往不是因为不会阅读长篇大论的文章，很可能是因为背26个字母时偷懒了，或者是因为一两次作业没有写好而被教师狠狠地批评过。一旦学生在学科上疏忽或者大意了，他们在学科学习的路上，就会被无情地抛在队伍的后面，并被贴上差生的标签，然后作为"落后的典型与标兵"被不断地强化，于是差生就这样被"炼成"了。可是，谁又问过学生当时疏忽或者大意的原因是什么？谁又曾想过当时学生疏忽或者大意也许只是一个小小的过错呢？

在学生看来，自己沦为差生是偶然的，但在教师看来，学生成为差生却是必然的。因此，学生会为自己成为差生寻找外在的理由，认为是自己不够幸运，是教师或者教育环境不利于自己所致；而教师则认为是学生不够努力所致，得从学生身上寻找内在的原因。的确，在学生身上寻找内在的原因会更科学，毕竟幸运不幸运，环境有利还是不利，都是一些过去的事实，不是教师与学生可以掌握的，只有学生主动去弥补自己的不足，他才可能真正走出差生的困境。可是，只有让学生看到学习的希望，他才可能主动去弥补自己的不足。这就需要教师去肯定学生的学习能力，认可学生的内在潜力，而不是用他们成为差生的事实去打击他们。

三、莫用差生"存在的必然"遮蔽"形成的偶然"

不管谁沦为差生，对他来说，都不是一件幸运的事情。若教师站在学生那面，就能够理解并宽容学生。如果认为学生沦为差生是一件偶然的事情，那么，教师就会豁达与理性一些，就会力求帮助学生避免沦为差生。即使避免不了，也会帮助学生积极地面对，而不会因此对学生表现出失望甚至绝望的情绪，乃至过早为其贴上"差生"的标签。

曾经问一位小学四年级的学生："你们班上有差生吗？""没有。""你们班上有调皮的学生吗？""没有。""那你们班还真不错哦，既没有差生，又没有调皮的学生。""不对，我们班上有两个'空气'。""啊？你们班上有两个'空气'？'空气'是什么呀？""我们班上有两个同学，不但成绩差，而且很调皮，班主任对我们说，为了防止他们把不好的习惯传染给我们，让我们把他们当'空气'一样不存在。"原来这就是我们的校园，可以将在家像"皇帝"一样的孩子，在跨进校门的瞬间就"蒸发"成了空气。也许，这两个"空气"再也不可能"结晶"成为"人"了。

以前在某小学见习，班上有一名调皮大王，平时从来不做作业，每天总会在学校惹出一些事情来。当我走近这位调皮大王时，才发现他总是受到外在力量"激励"，去抵制作业，去做调皮的事情。学校教师用"110"

作为这名调皮大王的封号。教师们见到他，总会有意无意地问他："110，今天又干什么坏事了？"在这种情况下，你说这位学生能不去干点坏事吗？不然他怎么对得起"110"这个封号，怎么对得起教师对他的"关心"？同样，当教师每天都把他作为不做作业的"典型"，把他树为不好好学习的"标兵"时，他就必须坚持不做作业，坚持不好好学习，就是为了维持自己的"典型"与"标兵"的地位，也是为了让教师不再"失望"。可是，你知道为什么这个孩子会成为差生吗？只是因为他在小学三年级时父母离异，而他只能跟着当出租车司机的父亲，这段毁灭性的经历让他"偶然"地成为了差生。可他真正的不幸，却是当他遭遇这件"偶然的事情"时，我们没有伸手把他拉出来，反而给他贴上了"差生"的标签。

写这两个案例的目的，并不是要去追究教师在差生形成过程中的责任，而是想强调教师不但不应该在学生沦为差生的过程中推波助澜，而且应该帮助学生避免沦为差生。尽管每个班级都存在差生，但只要教师把眼光聚焦在具体的学生身上，对他们逐渐沦为差生的过程进行研究与分析，就会发现差生形成的规律，从而找到帮助差生走出困境的道路，而不是落井下石般地用差生存在的必然性，为他们贴上"差生"的标签。

四、借助差生"形成的偶然"走出"结果的必然"

对于必然的东西，最乐观的态度就是无条件接受。如果我们把某些同学成为差生看成是必然的，那么，我们对此就只有无条件接受。面对必然会沦为差生的学生，是对教师教育理想最大的打击。可是，如果不想承受这个打击，我们就必须勇于挑战学生成为差生这个结果的必然性，而这又必须通过对差生形成过程的偶然性进行研究，才可能寻找到挑战的方法与策略。

首先，教师应该弱化差生的差生意识。差生并不是什么都差，其不幸之处在于他们在学校评价指标上弱于别人，也就是说，他们的强项可能并不在学校评价指标之中。尽管教师只对学校评价指标上的内容负责,但这并不等于说学校评价指标就能代表学生能力的全部。对差生意识的强化,主要表现在两个方面:一是每天对差生的批评会对差生的行为产生负面激励效果,让差生觉得自己的差生行为顺理成章;二是教师对差生地位的必然性的认识,会让学生感觉到改变自己的差生地位是绝对不可能的。

其次,探索形成差生的多种可能性原因,为避免形成差生寻找方法与策略。人们对幸福的感受大同小异,而对不幸的感受就小同大异了。同样的道理,学生成为优生的方法大同小异,而沦为差生的原因就小同大异了。要让学生成为优生,就是要求学生成为勤奋的人,成为讲究学习方法与学习效率的人。可是,谁能够告诉我们是哪些偶然的因素造就了差生,这些偶然的因素又是如何造就了差生的呢? 完全可以说,避免一个学生沦为差生,远比教育一个学生成为优生更难!

最后,教师要用更好的教学方法与更高的教学品质去吸引学生,以此来帮助他们避免沦为差生。当我们对差生的形成要素与过程还没有完全了解时,就只能让学生体会到学习的乐趣与兴趣,从而有效地抵制让他们沦为差生的那些要素。可惜的是,现在的学生对学习的体会往往是痛苦大于幸福,这几乎成了促使学生沦为差生的一股重要力量。

5. 成人是如何误解孩子的

孩子有属于自己的世界。在这个世界中，他们有着自己的人生追求，有着自己的价值评判标准，有着自己的情感世界，有着自己的生活方式。总之，在这个世界中，他们不喜欢成人的任意干涉，更不喜欢成人随意的评价与揣测。在这个世界中，孩子们虽然不能独立生活，但至少希望与成人有着平等的地位。可这样的孩子世界存在吗？即使存在，我们是否对它给予了足够的尊重与关心呢？正是怀着这样的疑虑，笔者试图来洞悉本真的孩子世界。

一、早恋是因为性早熟还是因为父辈关爱的缺位

前不久，一位校长与我探讨了孩子早恋的问题。他说自己女儿今年才初二，可她说现在班上同学都活得特别不开心，而且同学间或明或暗的早恋现象很严重，好多同学放学后并不急着回家，而是到公园或其他地方去约会。因此，她奉劝父亲在办学过程中多关心孩子们的心理世界，尤其是对孩子们早恋的问题要多疏导。听到这儿，我很自然地问这位校长：为什么现在孩子们早恋的现象越来越严重？然而得到的答案却是如此简单，简单得让笔者觉得十分震惊：孩子们性早熟是最主要的原因，也是最根本的原因，当然还有很多其他理由，比如媒体的宣传呀，社会风气的影响呀，等等。

用性早熟来解释孩子的早恋并不是这个校长的首创，用大众传媒与社会习俗来论证孩子的早恋也是社会通行的观点，为此感到震惊多少令大家有大惊小怪的感觉。但之所以为此感到震惊，并不是因为孩子的早恋与生活沉闷，而是因为成人对孩子行为与生活世界的不了解与不理解，因为成人用自己的价值标准来揣测与评判孩子的世界。我们都知道，在成长的过程中，孩子们都需要父辈们的关爱。按照弗洛伊德的理论，男孩们都有着本然的"恋母情结"，女孩们都有着本然的"恋父情结"，直到他们的心理足够成熟时，他们才开始在现实生活中寻找自己的所爱。虽然用"恋母"与"恋父"来解释孩子对父辈们关爱的需求有点牵强，但这却实实在在地表述了孩子成长过程离不开父辈们的关爱。然而在现实生活中，随着生活压力与工作压力的增大，父母们不得不将足够多的精力用来面对工作与社会生活，以求得社会地位的稳定与工作绩效的增长。因此，父母给予孩子的关爱变得越来越稀缺，孩子对父母关爱的需求变得越来越难以被满足。而且，父母往往用成人世界的功利标准来评判孩子，改造自己对孩子的关爱，这表现为父母不再关心孩子的生活世界，不再关心孩子的心理感受，而只关心孩子的学习成绩，只关心对孩子前途有直接影响的班级排名与教师评价。这使得孩子对父母的功利性关爱产生逆反心理，从而拒绝与父母进行真诚的交流与沟通。但这并不意味着他们因此就不再有"恋母"与"恋父"的需求，相反，这会增强他们对爱的需求，从而促使他们过早地在同辈群体中寻找"爱的归宿"。因此，从这个层面来讲，孩子们彼此间形成的爱并不是成人所理解的爱情，而是父母关爱的一种替代品，是父辈们真诚关爱缺位的产物。

成人世界的爱情往往与性交织在一起，可这种评价标准是属于成人世界的，它并不适用于孩子世界，因为孩子对性的需求远达不到成人的需求程度。当弗洛伊德将孩子对父母的爱与依恋归因于"性"时，我们对此怀着一种震惊与不可接受的心态；可当我们用性早熟来揣测孩子的早恋时，却显得那么从容与心安理得。我们没有想到孩子"早恋"并不是因"性"而恋，而是因"情"而恋。这份"情"原本不应由他们相互提供，而应该由父辈，至少应该由父母向他们提供。当我们用性早熟作为孩子早恋的理由时，一方面，我们是在用成人世界对爱情与性爱的态度来评价孩子的生活，而没有考虑到这种评价标准对孩子生活世界的适当性，也没有考虑到它会带给孩子们多大的伤害；另一方面，这种归因模式也是一种对父辈，至少是父母推卸在孩子成长过程中所需关爱的缺失的责任的解释方式。如果我们真切地走进孩子世界，就会发现，孩子的童真并没有因为身体的早熟而过早离去，孩子对感情世界的追求远胜过对生理需求的满足，因此，我们就会进一步意识到，孩子早恋问题所揭示的，是他们对父辈关爱的不满足，是他们希望成人用孩子世界的评价标准来给予公正评判的渴望。

二、选美是"成人模仿秀"，还是对"孩子美"的追求

笔者与众多关心教育的人士一样，也曾关心过浙江和睦小学的选美活动。但让我真正为之心动的，并不是小学生选美活动本身，而是大家对小学生选美活动的评价。在对这所小学选美活动的评价中，比较极端的态度是，这种活动是对各种"世界小姐"、"香港小姐"等选美活动的模仿秀，是不值得也是不容许在孩子世界中实施与推广的。至于为什么这种活动可以在成人世界中实施与推广，可能更多的是因为它的方式与内容都带有更多的成人色彩。比较宽容的态度是，这种活动本身是没有好与坏的，但由于它会产生一种淘汰机制，而这种淘汰机制的选择标准是天生的，是孩子们通过自己的努力无法弥补的（或许成人世界中选美的标准都是注重"天生丽质"的，因此，成人认为的美往往是天生的，是无法用后天的努力来弥补的），因此，选美活动会过早地伤害一个孩子的自尊心，会过早地为孩子带来挫折感。

然而，我们真正相信孩子们有自己的生活世界吗？在他们自己的生活世界中，他们有着自己对美的追求，有着自己对美的评判标准，有着完善自己"美感"的方式与方法。在此，我们还是犯了严重的错误，就是用成

人对美的评判标准、对美的占有欲望、对美的追求方式来揣测、评价，甚至断定孩子对美的评判标准，以及孩子对美的占有欲望、对美的追求。在对孩子的选美方式进行评价时，我们自然会想到成人选美时那一幅幅穿着泳装在台上"闲庭信步"、"喜笑颜开"的画面，却不愿意真正地看看孩子们通过辩论、通过相互评价等比成人更为严谨与务实的程序与方法。当我们想到美的内容时，自然会想到世界小姐的天生丽质与落落大方，却无法接受孩子们把"某某同学善于帮助别人"当作一种美，也无法想象孩子们把"某某同学虽然人长得漂亮，学习成绩也好，但对其他同学太凶了"当作一种抵消美的内容，甚至还无法接受孩子们认为这次没有选上"班花"或"班树"，但通过努力以后还有希望的想法。当我们想到美的归宿时，自然会想到成人世界对美的东西的占有，而无法想象孩子们并不是要占有美的东西，而是更着力于对美的追求。

不管我们是否承认孩子们有一个属于自己的世界，这个世界却是客观存在的。在这个世界中，他们有自己对美的界定、对美的评价标准，以及对美的追求方式。通过成人对小学生选美活动的态度可以发现，成人在面对孩子世界时，更多的是一种武断，而不是理解；是一种抵制，而不是尊重。作为成人，我们可能漠视孩子的世界，也可能承认孩子有自己的世界，但无论如何我们没有赋予孩子世界应有的地位。我们对孩子世界充满了不信任感，总是武断地认为孩子应该生活在按照成人意志改造过的世界里。这也就难怪在评价小学生选美活动时，作为成人，我们并没有尊重最起码的前提：孩子有自己的世界，也就有自己的美，也就有自己选美的标准，也就有自己选美的方式，也就有自己承受参与选美和落选压力的方式。

三、是"为孩子而教"还是"为教师与学校而教"

笔者到一个省重点中学调研，发现教师普遍反映上课太多，日子过得太烦太累，不但没有时间对自己的教育教学活动进行反思与总结，就连自己的日常生活都因为没有时间而无心打理。但与此相对应的是，学校德育处为了丰富学生的课余生活，培养学生的兴趣与实践能力，举办各种课余活动，却遭到了教师们的反对，不仅班主任老师反对，普通教师也反对。如果说班主任老师反对，笔者还可以理解，可能是因为这些课余活动更多的是占用班主任老师的时间。但普通教师对此也持反对意见，就令笔者有点困惑了。通过对这些教师的访谈，总算找到了这个矛盾现象存在的理由：教师们之所以上那么多的课，是因为在当地经济条件约束下，上课是他们改善经济状况的唯一途径（大城市教师往往不愿意上课，这是因为他们在业余时间里可以创造更大的经济效益）。学生搞活动，一方面，加大了班主任的工作量，增加了教师管理班级的难度；另一方面，也减少了教师改善经济条件的机会（希望这些教师原谅我以自己的"小人"之心来度他们的"君子"之腹了）。但教师们并没有用这个正当的理由来解释自己的行为，而是用学生对教育的需求来解释，可事实上，学生是不是真的需要上这么多的课？教师上这么多的课又是否真的有效呢？

我们与学生座谈时，绝大多数学生都说自己太累了，目前最想做的事情就是睡个懒觉。由此可见，学生们处于疲惫状态，一方面是由于休息时间太少，另一方面是由于听课太多。在教学过程中，我们承认教师是教学世界的主人，可我们也得承认学生是学习世界的主人。而且学校存在的最终目的是培养优秀的学生，因此，学习世界的意义更甚于教学世界，甚至可以说，是学习世界的现状决定了教学世界的现状，是学生的学习状态决定了教师的教学状态。可事实并非如此。在教师眼中，学生不但在知识上是无知的，而且在学习方法与学习程序上也是无知的，他们需要教师手把手地教，需要教师在他们身上花更多的时间。然而，学生的学习是一个主动的过程，是学生主动地建构自己知识结构的过程。在这个过程中，每个学生的情况都不一样，这使得教师不可能全然了解所有学生的情况，真正地做到"对症下药"或因材施教。因此，培养学生的主动性与教给他们学习方法是教师的主要责任，而积极地用所学方法来建构自己的知识结构则是学生的主要责任。教师上很多课，就会阻碍学生完成自己的任务。由此可见，教师对学生学习世界的不了解、不理解、不尊重是导致教师与学生都"忙碌而无效"的主要原因，教师的教并不是为了学生，而是为了教师自己与学校。

我们还需要探讨另外一个问题：对提高教学效率而言，教师是应该花更多的时间来上课，还是应该花更多的时间来提高自己的教学能力呢？姑且不谈随着各级各类学校扩招而带来的教师数量紧张、教师整体水平下滑的现状，我们仅就事实而论，教师花更多时间在自己教学能力的提高上往往更有利于提高教学效率。在分析遗传对后代的影响时，我们讲得较多的一句话是"龙生龙，凤生凤，老鼠生儿打洞洞"；而我们在分析教师对学生的影响时，也容易想起"没有不好的学生，只有不好的教师"这样一句话，这就暗含着"好教师肯定可以教出好学生"这样的意思。如果要把暗含的意思补全的话，就应该加上"不好的教师极有可能教出不好的学生"。因此，为了教出好学生，我们首先应该着力于培养好教师，让好教师培养出好学生，而不是让现实生活中不好的教师培养出不好的学生。而且，此处的好与不好只是一个相对的概念，如果一个教师今天进步了，那么，昨天的他相对于今天的他来说，就是一个不好的教师，今天的他相对于昨天的他来说，就是一个好教师。此外，我们习惯认为，在学生身上投入越多时间的教师，会具有越高的教学品质。可这样的认识并不全面。从提高整体教学效率而言，只有教育教学水平最高的教师在学生身上投入最多的时间，教育教学水平最低的教师在学生身上投入最少的时间，才可能使得整个教学过程效率最高。可事实上，我们往往认为教育教学水平较低的教师课上得不是很好，教学内容在规定的课时内不一定完成得了，因此，要求他们通过上更多的课来弥补自己教育教学能力的不足；而教育教学水平较高的教师可以高效地完成教学任务，因此，他们可以也有理由不多上课。这种实践正是导致教学低效的根源。

学校是"为学生而教"，还是"为教师而教"？如果我们认为学校是"为学生而教"，那么我们就得了解、理解与尊重学生的学习世界，了解、理解与尊重每个学生的学习自主权。可事实上，我们真的了解我们的学生吗？教师辛勤工作是在帮助学生学习，还是在阻碍学生学习呢？在一次谈话中，一个德育主任说自己经常与学生聊天，因此自己是了解学生的，而校长却反问道："你真的了解学生吗？你能够和多少学生聊天？我们学校有2000多学生，你能谈200个就不得了了。"的确，我们要了解、理解与尊重学生的学习世界，要了解、理解与尊重学生的学习自主权，一则需要我们采用科学的方法来了解学生的生活与学习状态，二则需要我们的教师真正地走近甚至走进学生的学习世界，用学生的意识与思维来帮助他们提升学习的品质与效率。

四、找回成人眼中失落的孩子世界

还有很多的例子可以用来证明成人对孩子世界的漠视，最为致命的是，成人明知自己是在漠视孩子世界，却还以"为了孩子"为理由，来证明自己漠视孩子世界的正当性。随着寒冬的到来，大家开始关注孩子身上单薄的校服如何抵御刺骨的寒风，开始考虑校服对孩子究竟起着什么样的作用。我们选用校服，是为了在孩子的心灵中树立平等的意识，是为了培养孩子的集体意识，可这些善良的意图都是建立在成人所认为的"孩子的心灵中没有平等意识而只有偏见与歧视，孩子们并不具有集体意识而只有自私自利"的想法之上的。成人们为什么会这样想呢？是他们在孩子世界中发现了这个事实，还是他们通过对成人世界的观察而推及到孩子世界中的呢？教师想了解成人世界是容易的，而想真正了解孩子世界却是困难的。同样，成人为了达到自己的目的往往不顾及孩子们的权利，至少没有尊重他们对穿着打扮的选择权。我们对孩子穿着打扮的选择权都没有尊重，对他们自主构建知识结构的权利又能尊重多少呢？

孩子的世界存在一种原初的美，通过孩子的眼睛我们可以读懂它，可如果通过成人的眼睛来读它，它就变成了一种无知与软弱；孩子的世界是纯真的，通过孩子的眼睛我们可以欣赏它，可如果通过成人的眼睛来观察，它就变成了稚嫩与无助；孩子的世界是相对独立的，通过孩子们对自我世界的热爱与守护可以感知到，可如果通过成人的眼睛去洞悉，它就变得支离破碎，亟待成人用智慧与力量去改造它。教育是一种培养孩子的职业，它不是让我们用自己的经验与知识来替代孩子的经验与知识，因为我们的经验与知识很可能是无助于孩子将来的生活世界的。

此外，值得我们关注的是，教育并不是让我们的教师直接去改造与塑造单个的孩子，而是让我们通过提升孩子世界的整体品质，来塑造具有优秀素养的孩子。因为孩子总是生活在孩子世界的，他们更易于接受孩子世界的影响，而难以接受成人对他们的直接干预。可要让我们的教师去提升孩子世界的整体品质，就需要我们成人（包括教师和与孩子世界相关的成人）真正走近甚至走进孩子世界，真正了解孩子世界，真正理解孩子世界，真正尊重孩子世界。没有完成这些前提性的工作，只是一味地按照成人自己的观念去改造孩子世界，可能会塑造出一个与我们成人生活一样的世界，但却永远塑造不出一个超越于我们成人生活的世界。

6. 别让学生因"评价"而远离学习

在传统的观念中，评价与考试是支持学生在学习道路上继续走下去的有力武器；在今天的学校中，这种思想的支持者仍然不少。随着月考制度的普遍实施，不管是学校管理者还是教师，都认为频度更高的综合性考试，的确比以往的单元测试有利于激发学生的学习动机。越来越多的学校管理者与教师认为，如果现在放弃月考的话，真不知道还有多少学生会主动学习。随着这种现象在中小学，尤其是在中学普及，人们反倒觉得困惑：月考究竟是有利于激发学生的学习动机，还是会消耗学生的学习动机？吸毒肯定是不利于人体健康的，可在短期内吸毒却可以让人精神抖擞。将吸毒之于人体健康和月考之于学生学习动机相比，就会发现两者是多么的相似。两者在短期内都有明显的成效，要么让人精神抖擞，要么让学生学习劲头十足。长此以往，两者都会让人对之形成依赖，时间久了不吸毒，就觉得没有精神；时间久了没有月考，学生的学习动力就不复存在。吸毒最终会蚕食人的健康，那么，月考最终是激发了人的学习动机，还是蚕食了人的学习动机呢？

一、基于威胁的学习评价最终让学生远离学习

面对 60 分的成绩，学生会有两种完全不同的心理感受：一种是乐观派，认为自己实在是太伟大了，居然能够在这样的考试中及格，而这是他很久

以来的理想，也是他坚持不懈追求的目标；另一种是悲观派，认为自己实在是太愚蠢了，怎么会在这样的考试中只得到及格的成绩，居然还有40%的分数都没有拿到。可是，教师对待这两种学生的态度却正好相反。对待乐观派，教师非常悲观，认为这些学生简直就是不可救药，就得了这么个成绩还高兴不已，难道就看不到自己离100分还有那么大的距离吗？难道就看不到自己的成绩还远不如他人吗？对待悲观派，教师反而非常地乐观，认为这就对了，通过这次考试，总算让学生发现了更多的不足，寻找到了自己和其他同学的差距，有了差距才有动力，在接下来的日子里才会卧薪尝胆般地学习，才能最终获得好成绩。

　　究竟是学生的心理感受更有利于学生学习，还是教师的观点对学生学习更有帮助呢？这也得从短期与长期分别来看。从人的本能反应来看，人在受到威胁的情况下往往会有出人意料的表现，"狗急跳墙"是对这种表现的贬义描述，"知耻而后勇"是对这种表现的褒义描述。但是，从人的长远发展来看，人在安全并舒适的环境下能够更为健康地成长，也只有这样的成长才具有可持续性。学生在一两次考试中处于受威胁状态，的确有利于学生在后续的学习中"知耻而后勇"；但如果长期处于考试的威胁状态中，最终的结果肯定是学生逃离考试，"屡战屡败，屡败屡战"的概率是极低的。与此相反，如果学生在60分面前还能够感受到学习的成就感，并为自己实现了预定的学习目标而高兴，那么虽然在短期内我们会觉得这位同学"目光短浅"，但长期看来，他却有可能进一步调整自己的学习目标，并以乐观的心态在学习的征程上坚持不懈地走下去，很难说最终的成功者就不是他。

二、基于支持的学习评价才会让学生走进学习

　　学习评价有两个直接的功能：一是证明学生掌握了多少知识，一是查明学生遗漏了多少知识。前者让学生获得学习的成就感，后者用前者形成的成就感为学生指明努力的方向。因此，学习评价并不是为了打击学生的

学习信心与积极性，而是为学生的学习提供支持。这表现在两个方面：一是让学生通过学习评价发现自己取得的成绩，以获得学习成就感，从而让自己有信心在学习的征程上继续走下去；一是通过学习评价明确地告诉学生在前一阶段的学习中他的不足在哪儿，在下一阶段的学习中要发挥哪些优势，要弥补哪些缺点。也就是说，学习评价要让学生在感情与心理上心满意足，在学习内容与学习过程上问题明确。

学习评价不局限于考试，还包括教师在课堂上对学生的点评。这种点评可以是语言上的，也可以是态度上的；可以是直接的谈话，也可以是间接的言说。其实，考试成绩之所以会对学生产生这么大的影响，并不是因为考试成绩有多么重要，而是因为学科教师把考试成绩看得很重要。学科教师把考试成绩看得有多重要，学科考试成绩对学生日常生活的影响就有多重大。其实对学生来说，只要不是终结性评价，比如高考、中考，其他考试对他们的实质性影响并不大，但这些考试成绩对学科教师却有着实质性影响，比如对学科教师教学水平的验证、对学科教师每月或者每学期教学绩效奖的评定，等等。正是基于这样的道理，学科教师往往比学生更注重考试成绩，并将对考试成绩的过度重视迁移到日常生活和教学之中，通过课堂上对学生的点评，通过日常生活中和学生的交流，让考试成绩对学生形成压力。然而，学生最希望的是考试成绩能给他们带来成就感，以及每次考试后教师根据他们的考试成绩而展开学科知识掌握情况的科学分析。最让人难以接受的是，通过学习评价，不但让学生丧失了学习信心与积极性，还没有让学生明确自己的缺点与努力方向。

三、发挥学习评价对学生的支持功能

学生对学习评价的重视与依赖主要表现为"谁评价学生，学生就讨好谁"。也就是说，学生对学习评价的重视，是间接地通过对评价主体的尊重与服从来实现的。这给学习评价提出了三个问题：学习评价者如何巩固自己在学生心目中的影响力？学习评价者如何更有效地发挥自己在学生心目中的影响力？对学生学习最有效的学习评价者应该是教师，还是学生自己？

原则上，拥有对学生学习过程与结果进行评价权力的教师，都会在学生心目中拥有影响力，但较多地关注学生学习过程与结果中积极方面的教师，比较多地关注学生学习过程与结果中消极方面的教师，对学生拥有更大的影响力。这就牵涉到对第二个问题的回答，教师通过肯定学生的学习积极面来帮助学生，往往比否定学生的消极面来诊断学生，更有利于发挥学习评价的影响力。

学生成长有两个方向：一是通过扩张自己的优点来发展自己，一是通过弥补自己的缺点来发展自己。不管在态度上，还是在技术上，前者都更占优势。在态度上，学生更喜欢听别人说自己的优点，而不喜欢别人说自己的缺点，尤其是这些缺点说得越到位，学生越不喜欢，这也是为什么学生愿意赋予关注自己积极面的教师更大影响力的原因。在技术上，既然学生已经掌握了优点，那么他在拓展优点时就驾轻就熟了；既然学生已经形成了缺点，那么他在克服缺点时就存在着障碍。与其让学生用别的方法与策略去克服缺点，还不如让他用现有的方法与策略去发展优点，这也是为什么肯定学生学习积极面的教师，在教育实践中可以更好地发挥自己影响力的原因。

如果学生的学习只是为了讨好教师，那么，学习只是学生讨好教师的一种手段，对学生来说始终是一种压力。只有当学生有机会对自己的学习过程与结果进行评价时，学生的学习才会变成是为了讨好自己。当学生的学习是为了讨好自己时，至少有两个好处：一是既然学习是为了讨好自己，那么这时的学习就有一种内在的动力，学习起来就目标明确，动力充足；二是不管教师如何监控学生的学习，总会有空白之处，而让学生自己监控自己，就可以全方位地促进学习。可问题在于，教师是否愿意承认学生有自我评价的能力，是否为学生进行自我评价创造机会，又是否教给学生如何进行自我评价的方法。的确，今天的学生很少有就学习活动进行自我评价的能力，这一方面证明学生自我评价活动是需要教师帮助的，另一方面也证明学生自我评价活动是需要教师给予机会的。因为我们还很难区分，很少有学生进行自我评价是因为他们能力不够，还是因为他们根本就没有机会；是因为无法培养出他们的自我评价能力，还是因为我们根本就没去培养他们的自我评价能力。

四、发挥学习评价对学生的诊断功能

不管学生在学习上多么主动，他们都不知道究竟哪些知识自己还没有掌握，也不知道已经掌握的知识应该要提升到什么样的程度。教师虽然不能保证学生是否主动地学习，但不管学生是否主动学习，要求学生掌握的知识以及知识掌握的程度却是不变的。正因为师生间存在着这样的差异，他们对待学习的态度也就完全不一样：尽管学生没有掌握应该掌握的知识，即使掌握了也可能还没有达到要求的程度，但他们不清楚自己的"无知"，却对自己的"已知"分外清晰，所以不紧不慢，甚至还"自以为是"；而教师就不一样了，哪怕学生已经掌握了大多数知识，由于自己非常清楚学生还有多少知识没有掌握，甚至只看到学生还有多少知识没有掌握，所以很紧张，对学生的"无知"很着急。在这种情况下，就需要教师清晰地把学习目标告诉学生，并通过学习评价科学地指出学生的"无知"之处。但绝大多数教师看到学生不理想的成绩，再看着学生那"自以为是"的态度，就气不打一处来，往往把学生给责骂一番，但却忘记了为学生指出"无知"之处的任务。

学生在学习过程中主要遵循"你评价什么我就学习什么"的原则。学生的时间与精力总是有限的，但需要学习的知识却是无限的，他们既要学语文，又要学数学，既要学物理，又要学地理，更重要的是，他们既要学习学科知识，又要学习生活知识，既要花时间来学习，又要花时间去休息与娱乐。因此，在众多需要花时间与精力的项目中，学生最终选择把有限的时间与精力用在哪个项目上，与学校对他的学习要求有关。进入学习要求的内容，学生肯定要优先考虑；没有进入学习要求的内容，就完全由学生自主选择了。因此，学习评价对学生学习最大的支持，就是为学生指明学习的方向与内容。不管是日常的考试，还是教师对学生日常学习的点评，为学生指出学习范围，尤其是指出学生的"无知"之处，可能比单纯地评价学生得了多少分数更为重要。

教师对学生的学习评价，并不是对学生学习态度的评价，而是对学生学习内容与学习方法的诊断。相信没有一位学生愿意自己成绩不好，即使成绩不好，也不见得是因为他们明明知道该学什么但却不去学，或者明明知道该用什么学习方法但却不使用。根据以上分析可知，学生往往不知道自己究竟无知在什么地方，即使知道，也不一定明白要用什么方法去填补无知的空白，所以，将学生成绩差归因于学生学习态度不好，并因此而生气，实在不是教师的理性选择。之所以要对学生学习进行评价，并不是为了找气受，而是为了替学生诊断出哪些知识还没有掌握，并借机帮助他们找到掌握这些知识的方法与策略。相信这个道理绝大多数教师都明白，可为什么学习评价的结果正好与此处的分析相反——教师生气的不少，但诊断学生学习的不多？这既是因为生气比诊断要容易得多，也是因为诊断比生气要求具备更多的专业智慧。诊断需要非常明确的指导、非常清楚的问题解决方法，生气则只是一气了之而已。

7. 从"学生优势"出发设计"课堂教学"

因为学生都很年轻，在很多方面自然就会显得幼稚；与成人相比，则在更多方面显得无知。可是，现在的幼稚与无知并不是学生的过错，反而正是这些幼稚与无知，为他们未来的成熟与有知提供了成长的空间。在通过教育教学来拓展学生的成长空间时，有两条基于不同教育思维的路径可以选择：一是尽力寻找学生的幼稚与无知之处，通过外在的教育教学活动，去填补学生因幼稚与无知而预留下来的成长空间，从而实现增长学生知识与阅历的教育目的；一是尽力寻找学生目前的优势与潜力，通过对学生内在潜力的激发与已有知识的拓展，使学生有知的领域越来越大，无知的领域越来越小，从而实现增长学生知识与阅历的教育目的。前者更能体现教育者的智慧与"教绩"，但后者更适合学生的积极成长。

一、被"学科考试"挤压的"学生优势"

当李白在《将进酒》中豪迈地吟出"天生我材必有用"时，可能他自己都没有想到，这句话不但鼓励了他自己，还鼓励了世世代代不得意之人。其实，每个人都有属于自己的独特优势，但在培育与展现自我优势的机遇上，就并不是同样的幸运了。有些人的优势为社会所急需，有些人的优势容易测量，有些人的优势很早就开发成熟了；可有更多的人，他们的优势可能会被社会埋没，可能无法被民众识别，可能要很晚才发展成熟。至于前者，他们当然是幸运的，因为他们的人生价值能够充分而又及时地得到展现；而后者，就不如前者那么幸运了，因为他们的人生价值不但被拖延，更有可能被永远地埋没。

几乎没有家长会认为孩子比自己更笨。可让我们觉得困惑的是，几乎没有教师认为今天的学生比以前的学生更聪明。生源越来越差，不仅是普通学校教师的感受，也是各地重点学校教师的普遍反映。家长眼中的孩子越来越聪明，而教师眼中的学生越来越笨，这个明显的落差让人觉得匪夷所思。其实，我更相信家长的感受，不管是生长环境，还是教育条件，孩子们都比家长要好。至于教师们的普遍反映，也没有错，因为学校评价学生的标准正变得越来越狭隘，这使得越来越少的学生优势被学校认可，越来越多的学生优势因为没有进入学校评价标准的视野而被埋没。

有的学生是幸福的，比如学科成绩特别好的学生；有的学生却是不幸的，比如动手能力特别强的学生。虽然学科成绩特别好与动手能力特别强都是学生的优势，但学科成绩既容易测量，又为学校与社会所认可；而动手能力既不容易测量，也没有成为学校评价学生的主要标准，甚至还为社会所歧视。因此，学科成绩特别好的学生，就更容易为学校与社会所认可，并因此拥有比动手能力特别强的学生更多的发展机会与教育资源。

对于学生而言，教育具有双重功能：一是发现并发展学生的独特优势，我们称之为教育的发展功能；一是根据学生的独特优势对学生进行评价与筛选，我们称之为教育的筛选功能。教育的发展功能注重对学生独特优势的发现与培育，它是开放与多元化的；而教育的筛选功能注重对学生特定优势的测量与鉴别，它是封闭与单一化的。当学校重视教育的发展功能时，就会给予学生独特优势更多的认可与引领；当学校重视教育的筛选功能时，就会缩小学生优势发展的种类与空间，更多地聚焦学生在人与人之间竞争的成败上，而不是学生个人的优势成长上。

二、立足于学生优势的教育力量

我们在年轻的时候，就立志要做一个富有影响力的人、一个流芳百世的人。长大了以后，发现做流芳百世的人不是一件容易的事，也不是绝大多数普通人做得了或者做得出的事。可是，如果我们从小就认为自己具有流芳百世的潜质，并始终关注这一潜质，那么，在人生成长的道路上往往就会越走越顺，越走越有成就感。

我们说每个学生都有自己独特的优势，也就意味着，我们承认每个学生都有性质各异的缺点。这就为教育者提出了一个选择性的难题：我们应该去放大学生的独特优势，还是去消除学生形色各异的缺点？从理论上说，教育当然应该两者兼备，只有这样，才可能让学生在成长的道路上走得更加顺利。可事实上，教育必须在两者间作出选择，毕竟只有集中力量，才可能做得更好。对于体现教育者自身的智慧而言，消除学生形色各异的缺点更有价值；但是对于学生自主发展来说，放大学生的独特优势更有意义。因为放大学生独特优势的过程，是学生主动学习与发展的过程，是一个积极并富有成就感的过程；而消除学生缺点的过程，是教师外在强调与教育的过程，是一个消极而又艰难的过程。学生在受教育过程中，不断发现自己的能力与优势，这是令人奋进的；而学生一次又一次地面对自己的缺点，这是令人沮丧的。

有一位非常著名的管理心理学家叫赫茨伯格，他认为让人满意的因素与消除人们的不满意的因素，是不一样的。比如，当我们很贫穷时，我们对自己的生活非常不满意，此时金钱可以消除我们对生活的不满意，可是当我们有了金钱时，并不会因此就变得满意与幸福。学生接受教育的过程与此相似。激发并培育学生优势的教育要素，并不等同于消除学生缺点的教育要素。比如，我们在课堂教学中通过各种途径消除了学生的缺点，如不遵守纪律、上课总是喜欢讲话，等等。这并不意味着我们让学生掌握了他应该掌握的知识,接受了他应该接受的生活观念。消除人的不满意的因素,并不是让人满意的因素。只有真正让人满意的因素,才可能让人真的觉得满意。同理,消除学生缺点的教育因素,并不是让学生获得发展的教育因素。只有真正促进学生发展的因素,才能够让学生获得真正的发展。

学生学习的前提,是要让学生相信自己有学习的潜力与能力,而学生对自己学习潜力与能力的感知,并不是从自己的缺点与无知中获得的,而是从自己的优势与成绩中提炼出来的。如果学生发现不了自己的优势与成绩,或者我们对学生的优势与成绩不予认可,学生自己就无法认可自己的学习潜力与能力。在教学中,虽然我们鼓励教师给予学生肯定性评价,可如果肯定性评价不与学生的优势与成绩对应起来,这种肯定性评价就会失去它的教育力量,甚至会显出教师的虚伪来。因此,表面上看起来,学生优势的发现与学生学习并没有必然的联系,可事实上,学生的优势不但在内容上夯实了学生学习的背景,更重要的是为学生学习提供了更多的方法与更强大的精神支持。

三、从学生优势出发设计课堂教学

课堂教学的目的都是填补学生因为幼稚与无知而预留下来的成长空间,但课堂教学的出发点却有可能完全不同。课堂教学可以着眼于学生的幼稚与无知,通过外在于学生的教学设计,来填补这块空白,我们称之为填补型课堂教学;也可以着眼于学生已有的优势与成绩,然后根据教师的教学设计,来延伸学生的优势与成绩,我们称之为延伸型课堂教学。正是课堂教学设计不同的出发点,成就了不同的人的价值,造就了不同的课堂教学风格。填补型课堂教学更能显现教师的教学技能,而延伸型课堂教学更能显现学生的学习成就。所以教师在课堂教学之前,都乐意发现学生的缺点与不足,在消除学生的缺点与不足中体现自己的教学智慧,而不是去寻找学生已经拥有的优势与成绩,通过对学生优势与成绩的延伸来体现自己的教育智慧。

鼓励与帮助学生发现自己的优势与成绩，是从学生优势出发设计课堂教学的第一步。在学生这个年龄，肯定是劣势多于优势，无知多于有知，于是，教师要鼓励学生，还要帮助学生在劣势的包围圈中寻找可以树立信心的优势，在无知的生活中找到有知的潜力。对于劣势多于优势、无知多于有知的学生来说，他们对失败远比对成功敏感，他们感受到失败的机会远多于成人，所以，他们更需要教师指导他们发现优势而不是劣势，更需要教师认可他们的成绩而不是指出他们的无知。由于学生的无知与缺点往往是相似的，而学生的优势与成绩却是各异的，这就增大了教师发现学生优势与成绩的难度，而让教师更容易发现和指出学生的无知和缺点。所以，只有那些富有智慧的教师才会从学生优势出发去设计课堂教学，而且也只有他们才会帮助学生找到属于自己的优势与成绩。

根据学生目前的优势与成绩来设定教学目标，是从学生优势出发设计课堂教学的第二步。设定教学目标的依据有很多种，比如课程大纲的要求、考试大纲的要求、学校规章制度的要求、家长的要求，等等，所有这些要求都是外在于教育过程的。只有从学生当下的优势与成绩出发，根据学生的学习潜力与能力设定的教学目标，对学生学习才会具有真实的教育指导力。对教师来说，对课程大纲与考试大纲负责，似乎比对学生负责更具权威性。然而，后者肯定更有利于学生的学习。但如果教师不按照课程大纲来设计课堂教学，而且学生还考得不好，责任就完全归到教师身上了。所以，要让教师根据学生当下的优势与成绩来设定教学目标，不仅仅需要教学智慧，更需要教师的教学勇气，以及学校规章制度的认可和保障。

让课堂教学还原学生优势与成绩的获得过程，是从学生优势出发设计课堂教学的第三步。课堂教学并不是来教训学生的，更不是用学科知识塞饱学生，而是让学生有更多机会使用自己获得优势与成绩的方法，通过自己优势与成绩的拓展，来填补自己因为年轻而拥有的幼稚与无知。因此，课堂教学并不是脱离学生日常生活的独立体，而是学生日常生活的延续与拓展，只不过日常生活是学生获得优势与成绩的自然环境，而课堂教学是学生获得优势与成绩的主观环境而已。在日常生活中，学生的优势与成绩是在体验、感悟与模仿中获得的。这就意味着课堂教学并不是通过教师的要求来实现的，而是通过教师激发学生主动参与、积极体验、充分感悟、乐于模仿去实现的。所有这些参与、体验、感悟与模仿，并不是教师教出来的，而是教师引发出来的。

从学生的优势出发，是与从学生的劣势出发相对应的；从学生的成绩出发，是与从学生的无知出发相对应的。虽然在理论上很容易阐述清楚从优势与成绩出发的好处，但由于从学生的优势与成绩出发，远比从学生的劣势与无知出发更为艰难，也更难体现教师的教学智慧，所以，要真正让教师的课堂教学从学生的优势与成绩出发，既需要教师的教育智慧，也需要学校给予教师从学生的优势与成绩出发设计课堂教学的发展空间与制度保障。

第五辑　课堂中的"教师"

1. 让教师的课堂找到回家的路

　　在纷繁复杂的社会生活中，个体的行为是难以预知的，但是群体的行为往往有章可循。不管是你，还是我，都只是社会中的一个个体。当我们只关注自己的生活时，就会觉得社会充满不确定性，就会感到无所适从，也就无从努力。可是，如果我们把自己当作社会群体中的一员，有些规律性的东西就慢慢显现出来了。比如，当我们把钱借给熟悉的朋友时，会担心朋友不还钱；可当我们把钱存在银行里时，虽然我们与银行的人都不认识，但我们仍然放心地把钱交给银行。为什么我们更相信陌生的银行而不是熟悉的朋友呢？

　　如果是一个人在课堂中努力，我们就看不到自己的成功，也看不到自己的失败。哪怕努力了一辈子，也很难对自己的教学人生作一个准确的评价。在一堂课中，我们不可能让所有的学生都掌握学科知识，但也不可能让所有的学生都掌握不了学科知识；在一生中，我们既教出了很多人才，也不可避免地培养出了很多庸才与蠢材。当我们无从判断自己是成功还是失败时，也就意味着我们在课堂中很难找到努力的方向，很难找到努力的方法与策略，很难找到努力的动机。我们只有走进教师群体，将自己的课堂教学融入学校的教育教学之中，与同事进行交流，并对他人课堂教学进行观察与学习，我们才可能真实地反省自我，反思自己的课堂教学，在成功的地方继续成功，在失败的地方避免失败，从而找到超越自我与超越课堂的方法与策略。

2. 以他人的课堂为镜

当课堂观察只是教师间非正式的专业交流方式时，大家不仅能够分享课堂观察中的教育智慧，还能够品味课堂观察过程中的友谊。可是，在我们认识到课堂观察的重要性后，就开始让课堂观察板起脸来，并用诸多规章制度来保障它。就像美丽的花朵被摘回家放到花瓶里欣赏就会因为离开了自然环境而日渐枯萎一样。当课堂观察成为教师的一项任务的时候，教师就会感受到课堂观察带来的压力，从而离教育智慧与友谊越来越远。

教师走进他人的课堂，可能会发现他人的课堂经验，也可能会总结出他人的课堂教训。当我们走出他人的课堂时，就得问问自己：我在他人的课堂中得到了什么？这才是课堂观察最为根本的目的。观察他人的课堂时，鼓励他人是非常重要的，但最终还是要服务于自己，不仅要丰富自己的课堂经验，修正自己的课堂教训，还要加深自己对课堂教学的理性认识。

一、观摩别人的课堂教学经验

在有人听课的情况下，相信上课人一定是勤奋的，至少这堂课是全力以赴的。每个人的课堂总是有不少优点，也有不少缺点，如果让我们找出其原因，优点的原因似乎更容易找到，而缺点却往往很难找出原因，即使找出来了，也是上课人难以克服的。因此，在课堂观察的过程中，听课人最重要的任务，不是去批判上课人的缺点是什么，而是去发现上课人的优点是什么。

由于上课人已经尽力了，所以，对课堂教学缺陷的弥补已经超出了其能力范围。在这种情况下，听课人指出上课人的缺陷，除了让他对自己失去信心之外，对其课堂教学能力的提升并无明显帮助。经常听课、评课的教师应该非常有体会，当你指出上课人的课堂缺陷时，虽然他理性上都认可，可下一次上课时这些缺陷依旧存在。我们往往认为这是因为上课人不能虚心接受他人的意见。可事实并非如此，不是上课人不接受他人的意见，而是他没有能力或者在他看来没有必要去实施他人的意见，而且往往是前者阻碍了教师对课堂缺陷的修正。更重要的是，听课人若只是指出对方的课堂缺陷，那么，对他自己课堂教学能力的提升也没有多大帮助。

竭力去发现上课人的优点，谦虚地询问其课堂优点产生的原因，并向他学习，这是课堂观察中上课人与听课人最为良性的互动模式。在课堂观察中，往往上课人是被动的，听课人是主动的，问题在于听课人是主动去发现课堂教学的优点，还是去揭示课堂教学的缺点。上面已经讲过，当听课人揭示课堂教学的缺点时，不但找不到缺点产生的原因，还会打击上课人与听课人对课堂教学的积极性。当听课人竭力去发现上课人的优点时，不但可以让上课人拥有成就感，还可以发现优点形成的原因。其实，课堂教学在行为层面上的经验往往是不可迁移的，因为它是镶嵌在上课人的人生经历、知识背景以及课堂教学的背景之中的。真正能够为听课人带来收获的，并不是简单模仿上课人的成功经验，而是探索与学习其成功经验的原因，并通过对它的移植，来优化与改造自己的课堂教学经验和情境，从而让自己的课堂教学优点更多而缺点更少。

二、拓展自己的课堂教学经验

如果只埋首于自己的课堂，教师就既不敢肯定自己的优势，也不愿意承认自己的劣势。当教师走进他人的课堂，学习了他人的课堂优势，认清了他人的课堂劣势时，就会反省自己的课堂优势与劣势了。其实，搞清楚自己课堂教学的优势与劣势相对来说是容易的，困难在于如何对待自己识别出来的优势与劣势。每个人都希望提高自己的课堂教学能力，这有两种途径：一是填补自己的课堂劣势，一是拓展自己的课堂优势。前者见效快，操作起来相对容易；后者见效慢，操作起来有难度。其实，用别人的成功经验来填补自己的课堂劣势，在短期内的确会有效，但别人的成功经验并不一定适合自己的学术经历与教学环境。与此相反，拓展出来的课堂优势，既有厚实的课堂教学基础，又与自己的学术经历和教学环境相匹配，往往会更为持久，而且更有利于自己课堂教学信心的树立与巩固。

在观察他人的课堂时，重要的是学习他人的课堂经验；在反省自己的课堂时，重要的是发现自己的课堂经验。发现并肯定自己的课堂教学经验，是学习他人的课堂经验与拓展自己的课堂优势的前提。课堂教学是一项非常个性化的工作，这就意味着每一位教师都有属于自己的独特的课堂优势，只不过你的课堂优势可能多一点，也可能少一点，可能被别人认可，也可能被别人否定而已。没有一位教师在课堂教学中是一无是处的，只不过我们在评价教师的课堂教学时，要么是通过教师间的相互比较来进行，要么是以能否胜任课堂教学职责为标准，而不是尽力去发现教师的课堂优势。在比较的过程中，一般认为只有课堂优势多于他人且课堂劣势少于他人的教师才是优秀的教师；在以课堂教学职责为标准来评价教师时，一般认为只有课堂优势超过课堂教学要求且课堂劣势低于课堂教学要求的教师，才是合格或者优秀的教师。因此，不管他人如何评价你的课堂教学，都没有完全地发现与认可你的课堂优势，这种评价模式压抑了许多教师的专业发展，事实上也阻碍了许多教师走"通过拓展自己的课堂优势来提高课堂教学能力"这条专业成长之路。

三、反观自己课堂教学的不足

提高课堂教学能力的主要途径，是拓展自己的课堂教学经验；而回避课堂教学劣势的主要途径，是反观自己课堂教学的不足。当我们进入他人的课堂时，他人就向我们呈现了一个真实的教育情境，在这个情境中，上课人的优点与缺点都暴露出来了。更有意义的是，听课人通过对他人真实课堂的观察，可以发现自己课堂教学的优点与缺点。只不过听课人的缺点，可能是与上课人的优点相对比而显现出来的，也可能是因为和上课人的缺点相同或类似而显现出来的。

对听课人来说，并非所有的教学不足都是需要避免的，也不是所有的教学不足都是可以避免的。课堂教学是一项艺术化的工作，教学优点越多，教学缺点越少，课堂教学就越富有创造性与艺术性。正因为课堂教学是一项富有艺术性而非技术性的工作，所以，展现出来的不可能全部是教师的教学优点，也不可能全部是教师的教学缺点，课堂教学是一项没有终点的工作。教师在课堂观察的过程中，通过与上课人的优点相比发现了自己的缺点，这就意味着自己的这些缺点是有可能弥补的，虽然弥补的方式、方法仍然需要自己去探索，但从讲课人的成功之道中可以获得较大的启示。教师发现自己与上课人有着同样的课堂缺点，这表明它们具有一定的普遍性，很可能是不需要避免的，也有可能是无法避免的，这就让听课人寻找到了安慰，从而对课堂教学的创新有了自信。

四、探寻课堂教学的内在机理

我们在课堂观察时考虑课堂教学对讲课人与听课人的影响，往往只会给讲课人与听课人带来一些策略性或者技术性的思考。由于策略与技术总是镶嵌在具体的教育情境之中的，因此，我们觉得课堂观察给讲课人与听课人带来的帮助，远没有我们想象的那么大。对于听课人给讲课人提出的课堂建议，讲课人虽然在理论上非常容易接受，但却很少将之付诸实践，因为他们的人生经历与教育环境不同，所以，他人的策略性或者技术性的建议就很难在自己的课堂中实践。当听课人在课堂观察中发现了讲课人的教学优势时，一般只是对他表示由衷的赞赏，只有极少数人会借鉴与实践其课堂优势。道理还是一样的，因为他们的人生经历与教育环境不同，这些在此地成功的教学策略在彼处成功的概率往往很低。

　　要充分发挥课堂观察的功能，就必须站在课堂教学实践之上来观察课堂教学实践，从而探寻课堂教学的内在机理。我们完全可以套用"一千个人眼中就有一千个哈姆雷特"来说明课堂教学，那就是"一千个教师就有一千种课堂教学"，这是课堂教学艺术性的体现。尽管课堂教学是教师教学个性的集中体现，但这并不意味着它就完全依赖于教师的个性，而没有其自身的共性与规律性。课堂教学的成功都是一样的，但是其失败却是多种多样的。这就意味着不管是谁的课堂教学，它都有着自身的规律性，而这是课堂教学成功的前提。需要强调的是，只是机械而又单一地顺应课堂教学的规律，课堂教学并不一定就会成功，而且往往是不成功的。可以肯定的是，如果不遵循课堂教学的基本规律，课堂教学是肯定不可能获得成功的。

3. 用自己的理念听他人的课

我们有什么样的理念，就会在他人的课堂中观察到什么样的内容。当你穿了件黑色的衣服时，你会突然发现人群中穿黑色衣服的越来越多；当你买了辆永久牌自行车时，你会发现居然有那么多的人都在骑永久牌自行车。其实，别人穿什么颜色的衣服，骑什么牌子的自行车，并不会因为你的行动或者观察而发生改变。之所以你觉得有这么大的变化，是因为你对生活环境的预期发生了变化，而你的行动会下意识地满足你对生活环境的预期，从而在环境中搜索和你的预期相一致的事件或者现象。课堂观察也是这样，你听多少课，怎么听课，只是数量与技术问题；而真正决定课堂观察结果与功能的，并不是数量与技术问题，而是我们的课堂观察理念，你有什么样的课堂观察理念，你就在证明与拓展什么样的课堂教学特征。完全可以这样说，课堂观察的数量与技术问题决定着课堂观察的效率，而课堂观察理念则决定着课堂观察的效果。

一、"听别人的课"是为了"建设自己的课"

走进他人的课堂，并不是去做他人课堂的镜子，而是去做自己课堂的大使。当我们以建设自己的课堂为目的而走进他人的课堂时，就会在课堂观察过程中体会到促进自己专业发展的成就感，而不是单纯地对他人的课堂进行"指点江山"与"激扬文字"般的卖弄。如果我们只是做他人课堂的镜子，我们就会忘记自己的课堂，而一味地去品味与鉴别他人的课堂。的确，体验与品味他人的课堂是课堂观察不可缺少的环节，但这只是课堂观察的任务而已。课堂观察追求的目的，并不在于品味与鉴别他人的课堂，而是如何更好地建设自己的课堂。

其实，如果不把观察他人的课堂建立在建设自己的课堂的意识之上，也就很难深刻地体验与认知他人的课堂。这样，在我们听他人的课时，往往就会缩小他人的课堂优势，并放大他人的课堂劣势，从而很自然地认为他人的课堂优势是机会所致，而他人的课堂劣势是客观存在。而在自己的课堂中，又往往会放大自己的课堂优势，并缩小自己的课堂劣势，从而很自然地认为自己的课堂优势是自己努力的结果，而自己的课堂劣势是偶然的。如果我们以建设自己的课堂为出发点来参与和体验他人的课堂，就会更乐意认可并借鉴他人的优势，就会更容易理解他人的课堂劣势，并尽量避免它在自己的课堂中出现。

二、"教师的教学"是为了"学生的学习"

虽然在他人的课堂中，上课人不会把我们当学生，但我们的确站在了学生这一面。而在自己的课堂上，尽管我们努力想做到"因材施教"，但由于立场的不同，我们离现实中的学生仍然很远，毕竟主观上的努力是难以改变客观上的立场与角色认知的。他人的课堂，给了我们走近学生，并站在学生立场上观察课堂的机会。一旦我们站在学生的立场上观察课堂，就会获得两个非常大的启示：一是决定课堂进程的，并不是教师的教学设计，而是学生的学习进程；二是判断课堂教学成功或失败的标准，并不是教师本人的能力如何与表现如何，而是教师的教学对学生学习的引导与帮助有多大。

在他人的课堂上，如果我们放弃学生立场，就会与上课人结成同盟，将课堂的优势归因于教师个人的能力，将课堂的劣势归因于学生或者外在的环境，从而错失站在学生立场上设计与体验课堂教学的机会。如果我们在他人的课堂中，能够站在学生立场上去体验课堂进程，并感受课堂真正的目的，那么，不但会改变自己的课堂理念，而且会让自己的课堂教学离学生学习更近，从而让自己的课堂教学变得更有深度。在笔者看来，课堂教学的深度，并不在于如何站在教师立场上设计与策划，使课堂变得花枝招展，而在于如何让课堂变得简捷而有力，从而易于被学生理解与接受。

三、"怎么教"服务于"教什么"

听课者作为课堂教学的旁观者，在课堂观察中既容易"断章取义"，又容易将"教什么"与"怎么教"割裂开来，这样会使听课者更关注教师在课堂教学中的"表演"，而忽略课堂教学的系统性与目的性。作为听课者，我们往往是他人课堂教学的"插入者"而不是"跟随者"，这就意味着我们不可能了解他人的课堂的全程。可是越是阶段性的课堂观察，就越容易放大教师在课堂上的表现，而忽略教师课堂前后的铺垫。作为听课者，我们对教学内容的理解不可能有教师那么深刻，所以，我们更乐意把观察重点放在教学活动上，从而忽略"怎么教"与"教什么"之间的关系。

要提高课堂观察的品质，就不能关注如何在课堂观察中表现自己的"听评课能力"，而要关注如何更有效地拓展自己课堂观察的视野。在观察上课人课堂教学活动与教学表现的同时，更要将上课人的教学活动与课堂教学情境和教学内容结合起来，注重课堂教学的系统性与目的性。其实，不管教师在课堂上怎么表现，"教什么"始终是课堂教学的中心，而"怎么教"凌驾于"教什么"之上则是课堂"华而不实"的典型表现。我们观察他人的课堂，并不是去欣赏他人教学活动的多姿多彩，而是看教学活动是不是能够真正地实现教学功能，也就是可不可以将"教什么"诠释得让学生能够理解与接受。

四、从"教学有效"到"教师成长"

传统上，人们总认为课堂观察的重心是课堂，目的是欣赏他人的课堂优势，识别他人的课堂劣势，反观自己的课堂劣势，延伸自己的课堂优势。可是，不管你在课堂观察中发现了上课人多少优势，能够照搬照用的还是微乎其微。不管你对上课人的课堂劣势提出了多么宝贵的意见，下次再去听课时，上课人还是我行我素地延续自己的课堂风格，你的宝贵意见效果并不明显。听课人也是如此，尽管通过与他人课堂的对比，认识到了自己的课堂劣势，但大多数人会为自己的课堂劣势寻找借口而不是原因；虽然认识到了自己的课堂优势，可真正要延伸自己的课堂优势，也不是一件容易的事，"百尺竿头，更进一步"所付出的代价，往往比弥补缺陷所付出的更大。所以，看起来非常简单的课堂观察功能，要在实践中发挥实效，就不再那么简单了。

课堂观察的目的既不是对他人的课堂进行鉴别与改造，也不是装饰或者优化自己的课堂教学，而是优化听课人与上课人的课堂教学理念，提升他们的课堂教学能力。正是通过上课人教学专业水平的提升、听课人教学专业能力的提高，来实现对上课人与听课人课堂教学的优化与改造的。不管别人怎么关心自己的课堂，也不管别人对你的课堂提出多么宝贵的意见，你的课堂总是受自己的课堂教学理念引导，总是受自己的课堂教学能力制约的。换句话说，课堂教学既得到课堂教学能力的支撑，也受到它的限制，所有外在的因素要改变课堂教学品质，就必须改变上课人的课堂教学能力。

要听好别人的课，首先得作好听课的准备，而在所有准备活动中，最重要的就是形成正确的课堂观察理念。课堂观察理念并不是写在纸上的，而是听课人课堂教学理念的自然沉淀。听课人的课堂教学理念有可能来自阅读与观察，但更多地来自自己对课堂教学的感悟与体验，前者可以让后者进展得更快，但却无法取代后者。所以，每位教师在走进他人的课堂时，都有自己独特的课堂观察理念，这些理念既有别人没有的长处，也有自己无法克服的短处。之所以在这儿把自己主张并在实践中尝试的课堂观察理念写出来，就是希望能够在课堂观察理念的交互与碰撞中，让自己课堂理念的长处更多，短处更少。我们并不希望，也不可能让这些课堂观察理念"侵入"阅读者的课堂观察理念之中，但相信"浸入"阅读者的课堂观察理念还是有可能的。

4. 听课听什么

　　我们在欣赏课堂教学的艺术性之余，也感叹课堂教学的重要，因为课堂教学决定着学生的学习生涯，也决定着教师的教学生涯。好的课堂教学让学生成长一路顺风，让教师发展一马当先；而差的课堂教学则让学生度日如年，让教师声名扫地。虽然课堂教学如此重要，但对课堂教学的认识程度却远赶不上它的重要程度。这就使得我们把课堂中的成功者视为教学艺术的化身，视为无需任何缘由都可以获得成功的"课堂之神"，而不是将其视为科学的课堂工程师或者设计师。

　　对于一堂成功的课，不管是上课者还是听课者，似乎都希望把成功归因于某种神秘的力量，而不是可以分析与迁移的科学技术。上课者之所以希望归因于神秘力量，是因为他的成功越是神秘，他作为"课堂之神"的地位就越是牢固，也越为长久。听课者也希望归因于神秘力量，这就为自己课堂的不成功找到了借口，也为自己没有成为"课堂之神"找到了借口——不是自己不够努力，而是自己天生就不具备这种神秘力量。所以，在笔者看来，让教师们认识到自己必须拥有成功课堂，比向他们提供成功课堂的技术更为重要。否则，成功课堂技术只会成为教师的工作压力，只会增大教师的工作投入，却换不回更多的工作收益。

　　不管对神如何顶礼膜拜，自己都不可能成为神；相反，越是对神顶礼膜拜的人，成为神的可能性就越小。课堂教学有它的艺术性，但要在自己的课堂教学中体现出艺术性，并不是依赖神秘力量就可以成就的，也不是模仿"课堂之神"就可以达成的。要造就艺术化的课堂，需要的不是模仿别人，而是成就自我。成就自我的途径并不是对他人的崇拜，而是对自己教学理念的优化与改造，是对自己课堂教学要素的夯实与重组，是对自己课堂教学氛围的营造与培育。也就是说，课堂教学追求的是艺术性，但造就艺术化课堂的却是技术性，如果我们向往课堂教学的艺术性，就在课堂教学过程中演绎艺术性，那么，我们对艺术化课堂越向往，就会离它越远。因为真正支撑艺术化课堂的并不是课堂艺术，而是课堂技术。只有创造性地使用课堂技术，才可能到达艺术课堂的彼岸。

我们向往艺术化课堂，就必须接受课堂技术化的路径。艺术化的课堂是一个整体，要素与要素之间不可割裂，环节与环节之间不可分割，师生之间不可分化。可是，要达到这样的程度，前提是我们必须搞清楚以下几个问题：课堂包括哪些要素？这些要素的基本功能是什么？要素与要素之间又是如何协调与整合的？课堂包括哪些环节？每个环节要完成哪些教学任务？环节与环节之间又是如何过渡的？课堂教学对教师的教学活动提出了哪些要求？又对学生的学习活动提出了哪些要求？教师的教学活动对学生的学习活动会产生哪些影响？教师的教学目标是什么？学生的学习目标又是什么？前者对后者有多大的引领与影响？只有把这些问题都搞清楚了，才可能实现课堂教学要素之间、环节之间、教师与学生之间的无缝对接。当我们还没有洞悉这些问题的时候，只能对无缝对接的课堂顶礼膜拜，可是越是顶礼膜拜，我们离无缝对接的课堂就越远。

要完全认清课堂教学的全部要素，恐怕还不是当前课堂教学研究所能做到的，但为了对课堂教学有较为全面的认识，对课堂教学中的支柱性要素进行观察与分析还是非常必要的。为了让课堂观察更为便捷，笔者把课堂教学分为三个方面六个要素：教师教学方面，包括教学目标、教学指导方式与教学过程；学生学习方面，主要考虑学生的课堂参与度；课堂教学效果方面，包括学习成功率与课堂思维深度。之所以把教师教学与学生学习单列，是因为教师与学生虽然是课堂教学不可分割的双主体，但事实上教师对学生、学生对教师的影响都只是间接的，我们只有分别考虑他们在课堂教学中的目标与行动，再借助课堂教学效果来考虑两者间的相互影响，才可能对课堂教学有更清晰的认识。下面我们分别就课堂教学的三个方面六个要素进行介绍。

一、教学目标

教学目标的确定是课堂教学的起点，也是课堂教学的归宿。整个课堂教学工作是从确定教学目标开始的，也是以课堂教学目标的达成为目的的。教学目标既包括教师的教学目标，也包括学生的学习目标。传统上，人们认为教师的教学目标包括学生的学习目标，教师实现了教学目标，学生自然也就实现了学习目标。可是，当我们承认了教师与学生在课堂教学中的双主体地位时，就意味着我们既要认可教师的教学目标，又要认可学生的学习目标。因此，教学目标包括广义与狭义两种理解，广义的教学目标统率整个课堂教学，它以教师的教学目标为主体，兼顾学生的学习目标；狭义的教学目标仅仅是教师给自己的课堂教学活动设定的任务，它可能会对学生的学习目标产生直接影响，也可能只是教师自己的教学活动的准备与规范，只对学生的学习目标产生间接影响。在笔者看来，由于课堂教学中教师与学生双主体的存在，课堂教学并不存在一个独立于并高于教师与学生的教学目标，即使存在这样的教学目标，由于它并不依附于具体的主体从而被泛化，所以，我们不再采用教学目标的广义理解，而用狭义的教学目标与学生的学习目标来替代广义的教学目标，从而为教学目标与学习目标寻找适当的主体。

1. 教学目标的清晰度

教学目标是教师为自己的课堂教学活动设定的任务，既是教师开展教学活动的归宿，也是教师让听课人理解自己课堂教学活动的解释。教学目标包括教学过程设计与教学目标设定，前者包括教师如何处理教学内容，针对教学内容的特点选用哪些教学指导方式设计整个教学流程；后者主要是指通过教师自己的课堂教学活动，意欲达到的教育效果。此处需要强调的是，教学目标是用来引导与评价教师开展课堂教学活动的指南，它可能通过学生来表现，但并不包括也不可能包括学生的学习结果。比如，数学教师讲解函数这个概念，其教学目标应该设定为"向学生清晰地表达函数的数学意义，并通过具体的事例帮助学生理解函数"，而不是"要求学生借助于具体事例，理解函数这个概念，并明白函数的数学意义"。教学目标的主体是教师，对它的理解与考核都应该以教师为主。由于教学与学习并不存在完全的对应关系，所以有这种可能：教师完成了自己的教学任务，却不一定能在学生身上产生教育效果。因此，就一堂课来说，教师主要是对教学目标负责，而不是也不可能对学习目标负责。事实上，教师在制定教学目标时，并不必然以帮助学生达成学习目标为唯一准则，落实学校规章制度与实践国家课程标准，往往比帮助学生实现学习目标具有更大的现实价值，毕竟真正影响与制约教师职业发展的仍然是学校与学科教学机构。

不管是教学目标中的教学过程设计还是教学目标设定，都既要讲究科学性，又要讲究清晰性。科学性是一种永无止境的要求，这与教师的学科知识水平和教育教学理念有关。由于它并不是一时一地可以改变的，所以在课堂观察中并不是重点。教学目标的清晰性不仅影响教师自己对课堂教学过程与课堂教学任务的理解，还决定着学生对教师课堂教学活动与课堂教学目标的分析与接受。再科学的教学目标，如果没有得到清晰的表达，也不可能对学生学习有所助益。

2.学习目标的预测

学习目标是对学生课堂学习活动任务的设定。学习目标的设定责任在学生，但并不是每个学生都会为自己设定学习目标，为每堂课设定学习目标。

如果学生忽略了对课堂学习活动任务的设定，教师对学生学习目标的预测与引领就起着极为重要的作用。

在班级授课制的情况下，教师不可能对每位学生都有清晰的认识，这就要求教师对班级学生学习情况有整体上的把握。学校中绝大多数学生都会升级，但这并不意味着同级同学就处于同一层次的学习水平上。教师在预测学生的学习目标时，要从学生实际的学习水平出发，结合教材对学生的要求，提出可以为学生所接受的学习目标。当然，教师对学生学习目标的预测，既是教师自己设定教学目标的依据，又是对学生学习活动的专业引领，但这并不能取代学生自己设定的学习目标。

3. 教学目标与学习目标的关联度

教师教学目标与学生学习目标间的关联与互动，是成就成功课堂的重要因素。教师根据教学目标实施的课堂教学活动，是以帮助学生达成学习目标为归宿的；学生根据学习目标实施的课堂学习活动，又是以适应教师的教学活动为准则的。如果教师的教学目标定得太高，而学生的学习目标定得太低，或者教师的教学目标定得太低，而学生的学习目标定得太高，那么，整个课堂教学就无法实现目标层面上的对接，自然也就不可能有实践层面上教师教学活动与学生学习活动间的融洽。

教学目标与学习目标间的关系，并不意味着教学目标与学习目标的同一，而是指教师的教学目标能够真实地为学生所理解与接受。与此同时，学生的学习目标要能够积极地与教师的教学目标保持一致，以确保自己的课堂学习活动能够融入教师组织的课堂教学活动之中，而且在教师的引领下，使自己的课堂学习效率得到提高，课堂学习能力得到提升。

二、教学指导方式的丰富性

在班级授课制中，教师与学生之间形成了"一对多"的局面，这改变了个别教学中教师"因材施教"的基础。教师必须同时面对几十位学生，而几十位学生的知识水平又相去甚远，每位学生对教师的期待也不尽相同。在这种情况下，教师不得不丰富自己的教学指导方式，力求满足更多学生的教学需求。对同一个知识点，每个学生的理解程度不一样，理解角度也不一样。教师要帮助学生掌握知识点，就要完全理解知识点，就要体验似懂非懂时的困惑，还要从不同的角度去理解知识点。只有从不同程度和角度去体验与感受，才可能形成多种教学指导方式，从而帮助处于不同理解程度与不同理解角度的学生掌握知识点。

1. 多种方式令人印象深刻

多种教学指导方式可以让学生对学科知识的理解更为深刻。教师对学科知识的理解是自上而下的，因此，学科知识在教师的知识结构中总是处于下位，教师是在驾驭而不是服从于学科知识。而学生对学科知识的学习则是自下而上的，学科知识在学生的知识结构中总是处于上位，这就需要学生去熟悉、体验与理解学科知识。学生不但需要多次认识学科知识，还需要多角度地认识学科知识，用多种模式去认识学科知识。只有这样，才可能逐步熟悉学科知识，理解与接受学科知识，并最终将学科知识融入自己的知识结构之中。

2. 多种方式有助于学生多角度理解知识

多种教学指导方式能够丰富学生的视野，让学生站在不同的角度理解学科知识，从而立体地感知学科知识。教材总是将学科知识分为若干单元或者知识点，这样便于学生分时段与分步骤学习。可是，知识单元与知识点并不因为教材的分割而变得独立起来，相反，越是人为地分割知识单元与知识点，对学生综合能力的要求则越高。诸多考核，并不是考查学生对单一知识点的理解与掌握，而是考查学生对知识单元与知识点的立体理解。在课堂教学中，教师采用多种教学指导方式，并不是对同一知识点重复讲解，而是从不同角度进行解读，这在无形中恢复了知识点的立体性，有助于学生从学科知识的高度理解人为分割的知识单元与知识点。

3. 多种方式使得教学内容更为生活化

多种教学指导方式有助于学生对学科知识的生活化理解。为了让学生在较短的时间内掌握更多的人类知识，在编写教材的过程中不得不采用"压缩"的技巧。虽然教材因为"压缩"而融进了它原本无法包括的内容，但这却给教师的课堂教学提出了一个非常重要的任务——必须对教材中的学科知识进行"解压"。而教师对学科知识进行解压，就是让教材中的学科知识恢复生活性。学科知识的生活性包括两个方面：一是学科知识生产过程中的生活故事，一是社会对学科知识的需求与学科知识在社会发展中的实际应用。教师采用多种教学指导方式，就是根据学生的需要对教材中的学科知识进行"解压"。由于不同学生对学科知识的理解程度与观察视角不同，自然对学科知识"解压"的要求也就不同。总的说来，掌握越多"解压"方法的教师，往往越容易为处于不同层次与不同角度的学生提供有效的教学服务。

4. 多种方式适合有差异的学生群体

多种教学指导方式有利于学生群体的差异化发展，可以避免学生的个性与潜质因为学生群体发展的单一要求而被埋没。由于学生的成长经历不同，知识结构不同，其学习风格也就相去甚远。要有效地帮助学生理解学科知识，就需要教师尽可能地按照学生的学习风格去帮助他们。站在学生学习风格的角度，就易于理解、掌握多种教学指导方式，往往就能够为具有不同学习风格的学生提供有效的教学服务。如果教师只是单一地解读学科知识，那么，不但课堂本身会显得特别沉闷与单调，而且只有少数与教师掌握的这种教学指导方式相适应的学生才能够进入学习状态。

三、教学过程的清晰度

教学过程既是教师开展教学活动的过程，也是学生沿着教师的教学引导开展学习活动的过程。要使教师的教学活动能够真正地引导学生的学习活动，前提是学生能够清晰地理解与接受教师的教学过程安排。教师自己学习时，有没有清晰的学习计划并不重要，说不定正因为没有清晰的学习计划，在学习活动中反而容易有意外的收获。可是，当教师要指导学生学习时，就必须向学生呈现清晰的教学过程计划。教师清晰的教学过程，一方面，可以让学生提前知道教师的教学安排是否有利于自己学习活动的开展，从而决定是否根据教师的安排来开展自己的学习活动；另一方面，可以让学生在不同的学习阶段根据教师的教学过程设计检验自己的学习效果，从而肯定自己的学习成绩或者诊断自己的学习问题。

1. 教学设计的清晰度

没有计划的 45 分钟，会让学生觉得度日如年；计划完善的 45 分钟，会让学生觉得度年如日。要让学生在课堂中有所收获，就需要教师预先给学生一张清晰的"课堂教学地图"，让学生不至于在教师的课堂教学中"迷路"。当教师的教学设计不够清晰时，学生的学习活动很难与教师的教学活动保持一致，学生还会因为学习活动与教学活动脱钩，而丧失学习活动的方向感与责任意识。教学设计的清晰度，不能以教师自己感受到的清晰度为标准，而要以教师向学生与听课者表达的教学设计的清晰度为标准。

2. 学生感受到的教学清晰度

教学是服务于学习的，因此判断教学的有效性时，并不能把教学从学习中独立出来，而是要站在学习这面来审视与评价教学活动。在课堂教学中，教师与学生都是课堂的主人，虽然学生们的课堂环境是同一的，但其实每位学生都只是"自己课堂"的主人。所谓"自己课堂"就是每位学生自己感受到与体验到的课堂。因此,对于教学过程的清晰度和教师的努力度,我们可以通过教师表达出来的课堂教学设计来进行评价。但是,不管教师表达出来的课堂教学设计清晰度如何地高,也不能保证所有的学生都能够清晰地设计与规划"自己课堂"。因此,考查学生感受到的教学清晰度,既是对教师教学设计清晰度的回应,也是对学生自己设计与规划"自己课堂"清晰度的评价。不过此处的评价标准,不再是学生表达出来的课堂清晰度,而是学生在学习活动中表现出来的清晰度。

3. 教学过程与教学内容的关联度

精彩的教学,并不一定能够有效地完成教学任务;而有些枯燥的课堂教学,却能够有效地完成教学任务。在中小学课堂教学中出现这种现象并不奇怪。教学是否能有效地完成教学任务,是由教学过程与教学内容的关联度决定的。正如我们在课堂观察理念中提及的"教什么"决定着"怎么教"一样,只有服务于教学内容的教学过程设计,才有利于教学任务的完成。远离教学内容的对教学过程的要求,只是表现教学过程本身的精彩的教学活动,虽然形式上非常吸引学生,但却离教学任务的完成很远。因此,在课堂观察中,对教学过程的关注是非常必要的,但更要以教学过程是否能够有效地服务于教学内容的传授为标准来审视教学过程的教育价值。

四、学生的课堂参与度

不管课堂中的教师表现得多么优异,不管课堂教学本身多么精彩,不管教学过程设计得多么清晰,课堂中总有部分学生"身在曹营心在汉",他们更乐意置身于事外,而不是主动参与课堂教学活动。与之相反,不管课堂中的教师表现得多么糟糕,不管课堂教学本身多么乏味,不管教学过程多么混乱,都会有学生坚守课堂,哪怕他们从课堂中获得的东西非常有限。

所以，不管课堂本身的质量如何，都会有学生参与其中，也会有学生远离，只不过参与课堂和远离课堂的学生比例不同而已，这就牵涉到学生的课堂参与度问题。我们只讲了课堂参与的广度，其实，只要学生的课堂参与有了广度，就对教师教学的梯度提出了要求，还对教师如何把握整个课堂的深度提出了挑战。

1. 广度

广度，是指班级学生参与课堂教学活动的人数比例。教师总是希望班级学生百分之百地参与课堂教学活动，但事实上这永远只是教育的乌托邦而已。虽然课堂参与的学生人数比例越大越好，但不管多优秀的教师都做不到学生百分之百地参与，当然，也很少有教师会做到学生零参与。要使课堂教学对学生学习产生实质性的影响，就必须以学生对课堂的参与为前提。如果学生游离于课堂教学，不管它多么精彩，对学生而言都只是一幅风景画而已；只有当学生真正参与到课堂教学活动之中时，课堂教学才能找到影响学生的机会与突破口。

可以将学生对课堂的参与，分为主动参与和被动参与。学生主动参与有可能是学生为了"解自己的惑"而主动走进课堂，也有可能是教师在课堂中的精彩演绎吸引学生走进课堂，两者若是结合起来，就既是学生的幸福，也是教师的幸福了。被动参与课堂有可能是学生为了完成学习任务而不得不参与课堂，也有可能是在教师的强制下，学生为了免受教师的惩罚而不得不参与课堂。主动参与是学生基于自己内在的学习动机而走进课堂，容易在课堂学习中表现出更多的主动性与创造性；被动参与是学生基于外在的学习或者生活压力而走进课堂，这虽有可能让学生在课堂上完成相应的学习任务，但可以肯定的是，也会让学生对课堂本身产生厌倦感。

2. 深度

虽然每个学生都置身于课堂之中，但并不是每个人都参与了课堂。其实，让老师特别生气的还不是逃课的学生，而是置身于课堂之中但却游离于课堂的学生。同样的道理，不是每个参与课堂的学生，对课堂教学的体验与收获都一样。有的学生参与了课堂，并因此而享受到了课堂学习的乐趣，收获了课堂学习的成果，这进一步激发了他参与课堂的兴趣；而有的学生虽然参与了课堂，但却因此而感受到了课堂学习的无趣，浪费了学习的时间，打击了参与课堂的兴致。因此，学生对课堂教学的参与度，不能完全当作课堂成功与否的风向标，还需要考虑学生课堂参与的深度。

学生课堂的参与可以非常浅，比如现在流行的"开拖拉机"，虽然这有可能让班级每位同学都参与到课堂中来，但每位同学都只是"蜻蜓点水式"的参与，而且一旦"拖拉机"开过去了，他就可以"合理合法"地游离于课堂了。学生参与课堂的深度，就是对教师教学能力与水平的考验。学生参与到课堂教学之中，就表示他们愿意接受教师的课堂教学；但学生能够在课堂教学中走多远，就得看学生在课堂中获得的兴趣的多少和成就的大小了。在课堂观察中，可以通过学生回答问题的积极性与理解问题的程度来判断学生参与课堂的深度，还可以通过学生上课时眼神的力度来确证学生参与课堂的深度。

3. 梯度

学生对课堂参与深度的差别，在整个课堂教学中就表现为课堂教学的梯度。随着中小学就近入学政策的落实，随着高中教育办学规模的扩大，随着国家对重点学校与重点班级的限制与取消，课堂中学生的差异变得越来越大。而学生差异的增大，就使课堂教学中的梯度表现出来了。既然课堂教学中存在学生课堂参与的梯度现象，教师是否针对学生课堂参与的梯度作出回应，作好回应，就成为课堂观察的一个重点，也是评价课堂成功与否的关键指标。

教师对学生课堂参与梯度的回应主要表现在三个方面。一是教师在讲解教学内容时，有没有照顾到不同层次的学生。这不是说要求教师分别为不同层次的学生讲解教学内容，教师可以通过学生间的互帮互助，来促成学科知识在不同层次的学生间传递与渗透。

二是教师在课堂提问中，是否顾及了不同问题的思维层次，并根据问题思维层次的不同，来照顾与教育不同层次的学生。只提深层次的问题，会打击低层次的学生；只提低层次的问题，会忽略高层次学生的需求。要满足不同层次学生的需要，教师就得精心设计不同层次的问题或者开放性的问题，来激发与引导学生的课堂思维。

三是教师在进行作业和试卷设计与点评时，是否对不同层次的学生给予回馈与反应。作业与试卷越是统一，对教师来说越是简单，但受到打击的学生比例就越高。教师用低标准来要求高水平的学生，这是瞧不起学生；用高标准来要求低水平的学生，这是打击学生；只有用学生在作业与试卷中的变化值来评价学生，才是教育学生。

五、学习成功率

重视对课堂过程的观察，有利于对上课人课堂教学技巧与策略的观摩与学习，但评价课堂教学的成功与否，最终还是得对学生在课堂中的学习成功率进行评价。由于课堂教学对学生的教育影响并不必然表现在一堂课上，也不必然表现在课堂教学内容上，为此，我们将学习成功率划分为学生学习目标达成度、教师教学计划实现度与课堂教学效果拓展度三项指标。学生学习目标达成度主要是指本堂课的直接教育效果是否得以实现；教师教学计划实现度主要是指教师预先为自己设计的课堂教学活动是否完成；课堂教学效果拓展度是对课堂教学中的生成性与创新性教育效果的观察与评价，这些教育效果并不是计划中的，但往往是课堂教学的亮点。

1. 学习目标达成度

与课堂成功相比，课堂精彩就显得有点华而不实了。不管多么精彩的课堂，都必须服务于课堂教学的目标，而学生学习目标的达成度是考验课堂成功与否的核心指标。当学生走进课堂时，他会对这堂课有心理预期，包括他希望在这堂课上能够掌握哪些学科知识，也包括他在这堂课上能够获得什么样的课堂情趣。虽然每个学生对课堂的心理预期不一样，但课堂教学是否能够满足学生的心理预期，是否能够进一步引导学生对未来课堂的心理预期，则是判断这堂课成功与否的重要指标，甚至可以说是唯一指标。

课堂中的学生是多元的；学生的学习目标也是多元的，又是非常复杂的。在课堂观察中，我们如何判断学生学习目标是否达成了呢？可以从以下三个角度来作出判断：

其一，学生对课堂情趣的预期是否得到满足？这堂课是让学生心情愉悦呢，还是让学生心事重重？是让学生恋恋不舍呢，还是让学生觉得如释重负？

其二，学生对课堂教学内容的预期是否得到满足？他们是因为懂了教学内容而富有成就感呢，还是只是把教学内容记在了笔记本上，为总算熬过了教师的训教而庆幸？

其三，学生对教师的态度是欢送还是欢迎？如果学生觉得好不容易度过了这节课，那么，不管是否学到了自己想学的知识，他们都乐意欢送教师离去。如果这堂课能够激发学生对问题的兴趣，并让学生感受到课堂的情趣，那学生就会欢迎教师的到来。相信这两种态度我们还是可以在课堂观察中体会出来的。

2. 教学计划实现度

传统上，人们往往把教学目标等同于学生的学习目标，认为课堂教学的目的就是要让学生在哪些方面做得怎么样，比如要让学生记住哪些单词，知道哪些语法，等等。其实，不管教师多么希望这些目标能够实现，如果学生不把它们转化为学习目标，它们就都是空泛的。而且，如果教师把一堂课的教学目标具体到这个程度，这样的课堂教学目标就太短视了。这是我们把学生学习目标与教师教学计划分开的根本原因。

要评价课堂教学成功与否，把学生在课堂中的投入、课后的收获以及对未来课堂的期待程度作为重要标准是没有问题的。但教师教学活动的教育功效并不一定马上就在这堂课中得以显现，因此，对教师教学计划的实现度进行考察就显得非常有必要。教师的教学计划，可能来自课前与教师交流时所得到的信息，也可能来自课后向教师反馈时得到的信息。判断教师教学计划的实现度，有两种方法：一是将教师的教学计划与他在课堂中实施的教学活动相对比，看两者是否保持一致；一是站在学生的立场上看教师实施的课堂教学活动，是否与教师教学计划的内容保持一致。前者是看教师在教学活动中是否走样了，当然，走样并不一定就不好，但通过对走样原因的分析更能洞悉上课人的课堂思维；后者是看教师的教学计划与学生感受到的教学活动之间的差异，这有利于让教师的课堂教学活动更贴近学生，至少要充分考虑如何从学生的立场出发。

3. 课堂教学拓展度

相信当过教师的人都有体会，你在课堂教学中拼命想实现的教学效果，却难以在学生身上得到体现；但你并没有注意到的教学活动，却往往给学生留下了深刻的印象。如果我们把教师计划中的学习结果命名为教学效果，把课堂教学给学生造成的实际影响命名为教学结果，那么教学效果与教学结果之间的距离，就是课堂教学拓展度。很难说一堂课课堂教学拓展度大好还是小好。课堂教学拓展度大了，表明课堂教学对学生的影响更深远了，但对学生有深远影响的教学结果，却是教师事先没有计划到的，这就是矛盾。如果课堂教学拓展度小了，则表明课堂教学对学生的影响比较单一，但这却可以证明教师对课堂教学的计划非常到位。

在了解教师对课堂教学效果的期待之前，我们很难判断出课堂教学结果中，哪些是课堂教学效果，哪些属于课堂教学的拓展。但对课堂教学拓展与课堂教学效果的区分，非常有利于对课堂教学的分析与评价，至少可以让我们了解教师课堂教学的计划性与生成性之间的区别，并进一步洞悉课堂教学计划性与生成性之间的联系，让课堂教学中的生成性内容慢慢转化为课堂教学的计划内容，帮助教师更好地掌控自己的课堂，让教师计划中的课堂教学更具开放性，更有教育魅力。

六、课堂思维深度

传统上，人们总认为课堂观察就是用眼睛观察课堂，最多加上用笔记录课堂，这样就既完成了扩大自己课堂视野的目的，又可以向学校与同事交代课堂观察的任务。其实，在课堂中观察什么，是由我们的课堂理念决定的；在课堂中观察到了什么，又会对我们的课堂理念产生影响。在这种观察与思考的双向互动中，少不了听课人对课堂教学过程的体悟，它既不是课堂观察，也不是课堂思考，但同时兼具观察与思考的成分。对课堂体悟而言，课堂学习氛围、课堂人际互动和课堂思维品质，是表现课堂品质极为重要的核心要素。

1. 课堂学习氛围

很难对课堂学习氛围进行描述，更难对它进行评价，因为不同的教学内容对它的要求不一样，不同教师对它的感受不一样，不同学生对它的适应度不一样。虽然课堂学习氛围对每个人的影响不一样，但它的导向性，却影响着课堂教学整体的有效性与引导性。不可否认，有些学生在压抑的学习氛围中精力更集中，但毋庸置疑，更为积极与开放的课堂学习氛围会让更多学生的学习效率更高，而压抑的课堂学习氛围会让更多学生的学习效率更低，甚至使他们因为课堂的无趣而逐渐远离课堂。

对课堂学习氛围的体验，主要聚焦在教师对学生的宽容与控制两个维度上。应该把教师对学生的宽容看成是教育的起点。如果在不宽容学生的基础上实施教育活动，教师就只能用自己的知识与观点去填补学生因为年幼而留下的空白，或者用自己的强制与生气来掩盖学生因为年幼而显现出来的无知。与教师对学生的宽容相应的，是教师对学生以及课堂教学过程的控制。教师对学生的宽容是教育的起点，而教师对课堂教学的控制则是实现教育目标的过程，所以控制与宽容并不矛盾，但存在控制的程度与宽容的内容是否适应的问题。如果教师宽容的事情靠学生自己的努力可以改变，那么教师的控制就应该是间接与引领性的；如果教师宽容的事情必须靠外在的教导才可以改变，那么教师的控制就应该是直接和明确的。

2. 课堂人际互动

让课堂焕发生命活力，已经不再是叶澜教授的个人理想了，而是广大教师矢志不渝追求的课堂境界。但真正焕发生命活力的课堂，并不是教师个人的精彩课堂，也不是学生个人习得学科知识的课堂，而是教师与学生借助课堂教学这一活动与平台，在教师的精彩教学之中，在学生学科知识的习得过程之中，体会人与人之间的情感共鸣与知识共享的乐趣的课堂。课堂中的人际互动，表现为教师与学生、学生与学生在共同学习中的互帮互助，体现为因共同的体验、共同的观点与共同的收获而引起的共鸣。

课堂中的人际互动，容易被师生间的教学互动、同学间的合作学习所掩盖。课堂中真实的互动，可以表现在行为层面上，如教师的问与学生的答，但并不必然如此。更为深刻的人际互动，应该是教师与学生对同一个观点的默契，应该是同学之间对同一种感受的共鸣。这不一定要通过具体的行为与活动表现出来，往往在彼此的相视一笑或者同样的身体语言中得以充分表达。目前的课堂教学，受课程改革的长期影响，教师组织与实施课堂中的活动互动已经没有问题，但不能将课堂中的活动互动作为课堂人际互动的全部，这会阻碍更深层次课堂人际互动的产生。

3. 课堂思维品质

课堂的思维品质，几乎就是一种只可意会不可言传的感觉。听课人对上课人课堂思维品质进行评价时，虽然评价的对象是上课人的课堂思维品质，但在评价结果中表现出来的往往是听课人的课堂思维品质。看见课堂秩序比较乱，在没有对原因进行深入调查与分析之前，就评定这堂课的思维品质比较低，那最应该怀疑的就是这种评价本身有多高的思维品质。其实，要知道课堂思维品质有多高，是一件非常困难的事情。教师反思自己的课堂教学行为与活动是容易的，最多就是一种量的颠覆；但要让教师反省与批判自己的课堂思维就难了，这可是一种质的颠覆。要求听课人仅仅通过对上课人课堂教学的观察，就评定上课人的课堂思维品质，这真不是一件容易的事。

　　评定上课人的课堂思维品质，不再是简单地看教师各项课堂教学要素的得分，而是用更为辩证的观点来考虑课堂教学。这主要表现在以下几个方面：一是通过考查教师教学与学生学习之间的辩证关系来判断教师在课堂教学中的进退之道。教师教得好并不意味着学生就学得好，教师教得多也不意味着学生就学得多，所以当我们发现教师在课堂中偷懒时，要格外谨慎地区分教师的偷懒是基于教育的目的，还是基于个人生活的目的。二是通过考查课堂管理与课堂教学之间的辩证关系来判断课堂教学的深度。课堂管理有利于课堂教学的开展，可一旦课堂管理走在课堂教学的前面，那么课堂教学就会被课堂管理所掩盖。井然有序是课堂管理的功劳，但也可能在课堂教学上表现为死气沉沉。三是通过考查教育效果与教育结果之间的辩证关系来判断课堂教学的效度。教师很完美地完成了教学计划，也在学生身上看到了自己预设的教育效果，但这并不一定是最好的课堂，因为教师完全有可能错失了课堂中生成的教育机会。因此，对课堂教学的判断，肯定要以教学计划为蓝本，要以教学效果的显现为依据。但如果拘泥于教学计划与教学效果，既是对上课人教学活动的约束，又是对听课人课堂教学理念的钳制。

5. 如何有效地观察他人的课堂

对课堂观察寄予的希望越大，持有的课堂观察理念越新颖，设计的课堂观察指标越完善，对课堂观察的要求就越高。课堂观察本身只是一项活动，但当我们把它从教师专业发展中独立出来时，就难免会用放大镜来分析与研究它，从而让它显得抽象而又复杂。可是，一旦要在教育实践中实施，又必须恢复它的简约性，进而获得实践性。

一、课堂观察的准备与进入

走进他人的课堂，不管是为了帮助上课人，还是为了提升自己，都需要我们有一定的准备工作。准备工作可以做得非常仔细与周全，也可以选择一些必备的项目。为了有效地实现课堂观察的功能，我们在此主要就课堂观察前期准备中的必备工作予以提示。

第一，在上课前十分钟左右到上课的教室。提前到他人的教室，可以让学生对这堂课有心理预期，以避免因为听课人的突然到来而打破课堂教学的常规秩序。提前到教室，可以与学生交流，了解学生为这堂课做了哪些准备工作，学生对这堂课的预期是什么，学生觉得这堂课的难点与重点是什么。只有了解到这些常规的信息，你才能够让自己在课堂中具有学生的心态，并站在学生立场上来分析与观察这堂课。同时还要让自己尽可能地融入原有的课堂氛围之中，避免因为自己的出现而改变课堂教学的真实性。

第二，尽可能借到教材，至少能够与某位学生共用教材，这样就会对这堂课的教学内容，以及它前后的教学内容有一个清晰的了解。在上课前与上课教师打个招呼，向他解释你来听课的动机与目的，消除上课教师对你的警惕，以避免他在课堂教学中的"作秀"行为。同时向上课教师了解这堂课与上堂课，甚至上几节课之间的"转承关系"，避免我们在听课时"断章取义"。至于教师对这堂课的安排，他认为的这堂课的教学重点，他对这堂课的预期，以及他认为的学生对这堂课的预期，倒是没有必要在课前就知道，从而避免在听课时为教师的教学设计所引导，而失去对课堂教学的真实体验。

第三，在上课前找好一个不显眼的位置，并准备好课堂观察所需要的资料。课堂观察的前提，是这堂课是原生态的。可在听课人进入课堂之后，不管是教师还是学生，都会不由自主地改变自己在课堂中的表现。因此，听课人要尽量减小本人对这堂课的影响，尤其是自己的座位不要醒目，以免学生因为关注自己的一言一行而影响课堂教学秩序。同时要准备好自己需要的资料，包括用来记录的资料本，等等，这样才可能避免自己在课堂观察中陷入混乱。

二、课堂观察的体验与记录

当我们在课堂中坐定时，课堂观察也就正式开始了。在课堂观察中，究竟是花更多的时间去体验课堂，还是花更多时间去记录课堂，成为我们的首要问题。在当前的课堂观察中，讲得最多的是如何记录课堂。但在笔者看来，课堂观察的重点仍然是体验课堂。道理非常简单，当我们一心一意地记录课堂时，难免会"挂一漏万"，我们表面上做到了"课堂实录"，但事实上却因为记录而错失了对这堂课的真实性与整体性的体验。此外，你繁忙地进行课堂记录，会增加上课教师的精神负担，会打乱学生的学习常态，从而让你成为这堂课的主人。

之所以提倡课堂体验，是因为与劳作相比，安静更容易让人进入思维的状态，并对课堂有更为深刻的感受。因此，坐在教室中体验这堂课，并不意味着你是在被动地听这堂课，其实，这会减少你对这堂课的"输出"，而让你对这堂课有更多的"输入"，从而更全面地感受这堂课内在的韵味。你只有静下心来体验这堂课，才可能以学生的心态来评析这堂课；也只有静下心来体验这堂课，才有足够的理性来分析与鉴别这堂课，并不时地在他人的课堂教学中，反观自己课堂教学的优势与劣势。

全面的课堂记录，更容易让我们把课堂观察当作一项任务，从而让我们错过课堂观察中的思考。只有摘要式的重点记录才能够起到沉淀课堂体验与深化课堂体验的作用。课堂体验是即时性的活动，越是深刻的课堂体验，它产生的智慧火花越容易消失。这就要求我们将这些教育智慧记录下来，哪怕它非常不完善，但却是我们后续评估与反思的重要素材。此外，在课堂观察中，要让课堂记录深化我们的课堂体验，而不要因为全面的课堂记录而忽略我们的课堂体验。当我们把课堂活动中最有感触、最能激发自己课堂思考的内容，以及捕捉到的一些课堂灵感记录下来时，我们对课堂的思考会更为深刻。

三、课堂观察的评估与反思

从他人的课堂中走出来，不仅仅表现为你走出了他人的课堂，更重要的是你要从他人的课堂氛围中走出来，从他人的课堂思路中走出来。这时候有两项最重要的工作等着你去完成，一是如何评估他人的课堂，二是如何反思自己的课堂。

评估上课人的课堂，并不是一件容易的事。只听了上课人的一堂课，就要对其课堂教学优势与劣势进行分析，而且他还希望你能够为他的课堂教学提出可行性建议，甚至希望你能够为他课堂教学能力的提升指明方向，这实在不容易。因此，这就要求对上课人的课堂评估不能停留在一时一事之上，而要从课堂框架设计、课堂教学的内在机理、课堂教学内容的上下衔接、课堂教学中的师生关系等宏观方面来展开，从而在课堂教学理念层面上与上课人展开交流，避免让课堂中的一时一事成为课堂评估的重点，从而阻碍听课人与上课人之间的深层次交流。当然，对听课人来讲，对课堂教学中一时一事的点评，更容易展现自己的课堂教学水平，但这样的点评并不令人信服，而且会因为脱离课堂教学的结构与系统而失去现实意义。

反思听课人的课堂，也就是要对自己负责，这就更为重要了。经历了辛辛苦苦的课堂观察过程，收集到了那么多的课堂观察资料，也在课堂体验中积累了不少教育智慧，但这些都只是原材料而已，并不能直接优化自己的课堂教学，更不可能改造自己的课堂教学理念。反思听课人自己的课堂，就是借助课堂观察中收集到的原材料，来反观自己的课堂教学活动，反省自己的课堂教学理念。在反思自己的课堂时，最重要的，不是通过迁移上课人的课堂教学策略与技巧来改造自己的课堂教学活动，而是从课堂教学内在机理的角度，来优化自己的课堂教学理念，完善自己的课堂逻辑，重构自己的课堂教学结构。对他人课堂教学技巧与策略的借鉴是永无止境的，虽然这可以在短期内让自己觉得收获满满，但时间长了，借鉴与迁移的课堂教学技巧与策略多了，反而会让自己迷失在这些技巧与策略之中，失去树立课堂教学观的机会，失去自己在课堂教学中的个性与创新。

课堂观察既是一项活动，也是一种习惯。当我们把课堂观察当作一项活动的时候，以上三个步骤就可以让这项活动得到比较完善的实施；可是，当我们把课堂观察当作一种习惯时，对我们的要求就不止这些了。作为一种习惯的课堂观察，对课堂观察的理念、课堂观察的结构、课堂观察的过程的要求仍然是不可缺少的，但对我们的学习心态、思维品质、创新意识和实践能力却有着更高的要求。我们可以偶尔走进他人的课堂，谦虚地向他人学习，静下心来站在学生的立场体验他人的课堂。可是向他人学习，站在学生立场上，对他人的课堂保持谦虚的心态，对自己的课堂保持批判的心态，这些并不是通过一两次课堂观察就可以实现的，而需要听课人对自己的教育素养与生活涵养的全面超越。

6. 教学境界：从"前科学化"到"艺术化"

在反思文化泛滥的今天，仍然谈教师的自我反思，难免让人觉得有点落伍，也很难引起大家的注意。但又不得不谈教师的自我反思，因为缺少了这一环，总觉得教师的专业成长似乎少了些什么，而且这是一道绕不过去的关口。

为什么教师一定要进行自我反思呢？这是因为教师在教学知识上有缺位，一位深谙教育教学之道的人，一位对教育教学理论有深入研究的人，他也需要反思，但他的反思是一种"锦上添花"。优秀的教师会自觉地运用教育规律与教育理论，来衡量与评价自己的教育教学实践。可是绝大多数教师对教育教学之道缺乏足够的了解，对教育教学理论更没有系统地学习。在这种情况下，教师的教育教学"知识"，要么来自"学生时代"的教师，要么来自做教师后的"学习经历"，要么来自工作后的教学实践。不管是对自己老师的模仿，还是对自己教学与学习经历的体验，它们在进入理性的过滤之前，教师的教育教学都还停留在"前科学"阶段。尽管我们经常说教学是科学也是艺术，但这种状态中的教师教学可能既算不上是科学，更算不上是艺术。

教师要想将自己的教育教学晋升到科学阶段，甚至提升到艺术阶段，就必须让自己的教育教学实践接受教育理性的批判。处于日常生活中的教师其思维是自在与自然的，尽管他有时也会对自己的教学生活进行批判，但这种批判不是系统的，往往像火花一样，会点燃教师教育教学的智慧之光，可时间是短暂的，这种智慧之光往往一闪即逝。因此，教师要让自己的教育教学接受理性的批判，就要接受教育教学理论的学习，也就是说，教师得读点书。还应该用理性的思维，来反思与批判自己的教学经验，来挖掘与批判对自己的学生经历与学习经历的体验。

首先，我们来谈谈教师自己在学生时代的教育体验。尽管教师的职业就是教学，但是教师在走上教学岗位之前，并没有人教过他们怎么教学，尤其是课堂教学。虽然在师范院校中教师曾学习过教育教学理论，姑且不论这种教育教学理论的教学方式是否为大家所认可与接受，但至少这些教育教学理论的应用策略是没有人教过的。所以，当教师突然面对几十位学生时，他最先的想法，就是去模仿自己以前的教师，尤其是对自己影响至深的教师。对于很多教师来说，教学的问题并不在于细节，而在于教学思想根源——对自己影响至深的教师。当教师能够有意识地、理性地反思与批判，并在心目中为自己的教学模式奠基时，也就寻找到了彻底修正与优化自己的教育教学的渠道。当教师对以往的教师教育成果与教育方法进行反思与批判时，其实也就找到了自己的教育教学的弊端与不足。人很难彻底地认识自己，而批判与评价自己过去的老师，虽然在情感上难以接受，但总比直面自我、批判自我容易许多。

其次，我们来分析教师对学习经历的体验。教学的本真定位，就是帮助学生学习。要有效地帮助学生学习，前提是教师必须对学生的学习有充分与透彻的了解。在经过多年的教学生涯之后，教师慢慢养成了"为人师表"的习惯，对于"学习"则渐行渐远了。因此，教师有必要延长自己的"学习"期，这不仅是为了弥补自己在知识上的不足，其更为核心的价值在于能够使教师真切地认识到什么是"学习"，并切身地体会到"学习的痛苦"。其实，绝大多数教师的缺陷并不在于不懂教学，教了多年书的教师谁还会对教学感到陌生呢？可是，越是从事教学工作，离学习就越远。所以，问题在于教师对学习越来越陌生，而不在于对教学不够熟悉，因为远离了学习的教学，总让人有华而不实的感觉。

最后，我们再来谈谈教师对自我教学实践的反思。教学实践是教师教学生活中的重要一环，也是体现教师人生价值的主要渠道。教师对教学实践的反思，有两个层次的意义与考虑。第一个层次，是直接改变与优化自我的教学实践。这就是当前最为红火的课堂反思，包括课例研究、行动研究等，大家寄希望于通过对课堂教学实践的解剖、批判，来直接优化教师的课堂教学能力。这样的研究肯定有效，但这种收效肯定不大。因为影响教师课堂教学能力的，远不只是目前呈现出来的问题，而是导致这些问题的原因与根源。因此，教师反思自我教学实践的第二个层次，就是充实自己的教学思想与理论，优化自己的教学理念。教师的教学实践，并不是由杂乱的教学行为组成的，它总是在教师教学理念的指导下，有机地生成的。所以，教师要反思自己在课堂上的一言一行，反思自己的课堂组织能力，反思自己课堂教学的方法与过程，不能仅仅从表面上对课堂的重组与优化进行反思，更为核心的是要问问自己：为什么我会这样讲话？为什么我会这样组织课堂教学？当教师真正能够回答这样深层次的问题时，就已经触及教师自我的"教学图式"了。

教师通过对教育教学理论的阅读与学习，对自己的学生经历与学习经历的反思与批判，对自己的教学实践的检讨与反思，就形成了自己的"教学理论"，也就是说，此时教师的教育教学已经进入了科学化的阶段。但教师在科学化阶段要停留多久，就得看教师的勤奋和教师的理论造化了。很多教师进入教育教学的科学化阶段后变成了书呆子，他们不是在教育教学理论的海洋中遨游，而是在教育教学理论的泥泞中挣扎。只有等到教师吃透教育教学理论，并将教育教学理论内化为自我的教学理念时，教师才能踏入艺术化的教育教学阶段。这个阶段是纯粹个性化的、自由的，但却是最有效的，当然也是用教育教学理论难以解读的。在此提醒教师，切莫把前科学阶段的课堂教学，等同于艺术化阶段的课堂教学，两者看起来都是非科学化的，但前者是无知的非科学化，后者是超越的非科学化。

7. 健康课堂：把科研做在远离课堂的地方

大概一年前，母亲深受严重的胆结石困扰，终于打定主意到医院进行手术。母亲把身体的健康寄托在手术上，手术本身是成功的，可健康并没有随着手术的结束而到来。手术之后，是漫长的恢复期。事实上，由于手术摘除了胆囊，要恢复到以前的健康状态似乎不再可能了。因此，我对医院有了更加明朗的理解：病人的健康不可能通过医院来获得；医院只能消除你的不健康，并不能给予你健康。可是，如果医院都不能给予我们健康，那么还有什么可能给予我们健康呢？很多人都笑话我，说健康哪是医院能够给予你的。健康是远离医院的人才有可能享有的，甚至可以说，当一个人离医院越远时，他获得健康的可能性就越大。健康需要的是充足的营养、长久的锻炼、良好的心态，而不是医院的药品与复杂的手术。

那么，课堂的健康又依靠什么呢？要提高课堂教学效率，让课堂成为学生汲取知识的海洋，让课堂焕发生命的活力，这些是我们对课堂寄予的厚望，也是我们对健康课堂的定义。与健康课堂的这个定义相比，现实生活中的课堂自然就是亚健康或者病态的课堂了。因此，如何让课堂变得健康起来，也就成为教育学者与一线教师共同的任务与使命了。目前，大家对课堂的关注，实在不亚于对教师身体健康的关注，甚至不惜牺牲教师身体的健康，来追求课堂的健康。

出于对健康课堂的急迫需求，或者是因为受到病态课堂的严重困扰，大家都急于寻找优化课堂的有效措施，这样一来，对病态课堂的诊治过程就开始了。首先是对课堂过程进行披露与会诊，这就是现在中小学非常流行的公开课与示范课。大家希望通过教师的课堂展示，以及同事和专家的课堂会诊，来提高教师课堂的健康程度，同时让其他教师吸取教训。其次是对某些成功的课堂教学策略进行推广，试图以成功的课堂教学策略替代低效的课堂教学策略，整体提升课堂教学的健康程度。最后，就是直接对课堂教学进行研究，把科研做到课堂上。教学专家们直接进入教师的课堂开展研究活动，并通过教师对课堂实录与课堂录像的反思，来优化课堂教学。于是，一场轰轰烈烈的课堂拯救活动开始了，既有教师的自我反思与总结，也有专家教授们的三堂会诊，还有同事们的协力合作，它们都旨在挽救已经没有生命活力的病态课堂。

可是，健康课堂能够依靠教师对课堂的自我反思与总结来获得吗？又能够从专家教授们的三堂会诊中诞生吗？不错，通过教师的反思与总结，的确可以逐步提高教师的课堂意识与课堂驾驭能力；通过专家教授们的三堂会诊，可以揭示教师在课堂教学中存在的问题。可是，要改变与提高教师的课堂教学能力，并不是靠专家教授们开出的"大力丸"就可以实现的，也不是教师个人天天"面壁思过"就可以获得的。人的健康既不能靠自己的悔过来获得，也不可能通过药物治疗与手术来实现；那就更不要说，健康课堂可以通过教师反思与专家教授们的三堂会诊来实现了。因为专家们的三堂会诊，只能开个药方，远不如手术刀来得直接，而手术是不可能为人带来健康的，它也只能消除你的不健康而已。

试想，即使我们知道了教师课堂教学能力的缺陷，是否就可以在课堂上进行整改呢？比如，教师的课堂语言能力太差，课堂上讲课过程的逻辑不清楚，对学生的关注太少，对于这些问题，教师如何才能够在课堂上进行整改呢？教师的课堂语言能力太差，教师在知道这个缺陷后，下一次就可以提高自己的语言能力了吗？这很困难，比如，我明明知道自己的普通话很差，也很想提高普通话水平，但仅仅通过课堂教学似乎达不到目的。而且很有可能，我的课时越多，越缺乏学习与锻炼普通话的机会。教师上课时逻辑不清，即使他知道自己有这个问题，难道下次上课时就可以让自己的逻辑更加清楚吗？如果没有足够的逻辑训练，即使对哲学与科学方法很熟悉并掌握，要改正逻辑混乱也是很难的，可逻辑训练能在课堂上展开吗？教师不关注学生，这似乎和课堂教学无关，而与教师的性格息息相关。可要改变教师的性格，似乎更得远离课堂了。

所以，课堂是展示教师教学能力的平台，病态课堂则是教师教学能力缺陷的表现与病症。要追求健康课堂，不能仅仅对课堂本身进行会诊，还要对导致病态课堂产生的原因——教师教学能力缺陷进行诊治，并为如何提高教师课堂教学能力提供方略。可是，要提高一个人的能力，必须在课堂之外去实现。只是盯着课堂，不但会让教师与教学专家们变成"近视眼"，而且会放松或者放弃对教师教学能力提高的关注，从而将健康课堂寄希望于灵验的药物或者类似于有效教学之类的处方之上。

与人的健康来自充足的营养相似，健康课堂也来自教师健全的教学能力。充足的营养不可能靠输液或者吃保健品提供；教师健全的教学能力，也不是靠他人提意见或者专家"训斥"就可以获得的。与此相反，需要教师远离嘈杂的课堂，回归清静的书房或者阅览室，去学习教育教学理论，并给自己足够的反思与总结的时间与精力。与人的健康来自健康心态相仿，健康课堂不但需要教师有健全的教学能力，还需要教师有健康的身体、愉悦的心情、活泼的性格。这并不是没日没夜地在课堂中或者在学校中就可以获得的，它需要教师走出沉闷的课堂，走向大自然，走进健身房，回到自己的社会交际圈。可是，今天的教师，哪有机会获得健全的教学能力呢？他们没有时间看书，没有时间静静地思考问题。哪有可能获得健康心态呢？他们每天把大量的时间花在课堂上，哪有机会走向大自然呢？哪有机会去找昔日密友聊天呢？就更不要说去健身房了。其实，当教师们为了优化课堂而专注于课堂时，反而会恶化课堂，并因此而恶化自己的身体、能力与心态。于是，不但没有优化课堂，反而让病态课堂更加恶化。

展示教师教育教学能力的是课堂；表征教师教育教学能力不济的也是课堂。可是要获得教育教学能力，远不只是在课堂上；要补充或者优化教育教学能力，也不只是在课堂上。要真正打造健康课堂，就必须关注教师教学能力的完善，关注教师健康身体与健康心态的获得；要充实与提高教师的教学能力，就必须让教师有足够的机会从课堂中抽身出来，为自己专业能力的提升留出足够的时间与精力；要让教师有健康的身体与健康的心态，就必须让教师从课堂中抽身出来，通过锻炼身体而获得身体上的健康，通过参与社会交际而获得心态上的健康。所以，健康课堂，与健康身体相类似。在医院中无法获得健康身体，在课堂中也无法打造健康课堂。要想有健康的身体，就必须保持足够的营养与适度的锻炼；要想有健康的课堂，教师就必须有时间、精力与机会，去提高自己的能力与完善自己的人格。

因此，如果说科研的目的就是提高课堂的有效性，或者说科研的目的就是打造健康课堂，那么，请把科研的眼光投射得更远一点，从课堂开始，投射到教师的日常生活中去，投射到教师获得教学能力与健康心态的整个过程中去。将科研建立在课堂上，反而会让我们误读健康课堂，错误地认为健康课堂可以简单地通过"手术"来获得。在现实生活中，不管是教师培训，还是对公开课的讨论，教师们对教学策略的浓厚兴趣，对有效方法与各种课堂兵法的关注，不就是对手术治疗与药物治疗的迫切需求吗？只是通过教学策略的改变，通过课堂兵法的介绍，就能够让课堂焕发出生命活力吗？正如叶澜教授所言，要改变课堂的现状，就得重构教师的课堂教学价值观。要改变教师的课堂教学价值观，只是在传统的课堂教学中，让教师每天关注课堂与待在课堂中，是无法达到这个目的的，就更别说要提升教师的教育教学能力了！

所以，把科研建立在远离课堂的地方，并不是将科研与课堂割裂开来，反而给教师提供了更宽广的提高教学能力的视野，为教师优化课堂教学提供了更大的空间，为健康课堂的可持续发展提供了更为持久的舞台。课堂教学与课堂教学研究，到了该摘下"短视眼镜"的时候了。

8. 在协作备课中成就教师专业成长

  在 20 世纪 90 年代中期的中国，考进大学的人都被称为天之骄子。我们是那时的幸运儿，也很自然地将自己的未来想象得特别完美。曾经在班上组织过一次活动，讨论人才的标准是什么。有同学说，人才应该是专才，必须在特定领域有过人的本事；有同学说，人才应该是通才，能够在不同领域都有建树；最后的结论是，人才应该是"T"字型的，也就是说，要想成为名副其实的人才，必须既有广博的知识，又有精深的专业知识。或许，正是在这种美丽的人才观的引导下，那个年代的学生特别爱学习。可是，这么多年过去了，昔日的骄子们虽然在不同的岗位上脚踏实地地耕耘着，但似乎还没有出现当时讨论的那种"T"字型人才。正是这么多年的工作，让我认识到出现这种人才的概率实在太低，但同事间的合作，尤其是在特定领域有过人本事的同事间的合作，却可以组合成真正的"T"字型人才，这就是被称作团队精神的协作。现在，协作精神不但成了培养人的理念，更是使用人的基本原则。

  作为教师，我们还有知识或者能力上的不足吗？答案是肯定的。我们最容易想到的，就是通过勤学苦练来提高自己的能力，却往往忽略了另外的有效的方法，那就是通过与别人的协作，来弥补自己的不足，同时发挥各自的长处。后者不但有利于弥补自己的缺陷，还有利于和谐教育生活的建构。

教育是一个复杂体，让个体去面对复杂的教育，要么因为宽泛而肤浅，要么因为精深而挂一漏万。姑且不论学校管理系统的复杂，也不论学科教学间的磨合，让我们将视线移向学科教师间的协作。随着社会对教育需求的增长，人们对教师的要求日益增多，因此提出了教师专业成长理论。以初中数学教师为例，要让其专业得到成长，可以让他进修数学专业知识，也可以进行教学专业知识的培训。当然，如果这位数学教师再学习一些班级管理或者学校行政管理的理论，那就更为完美了。可是，教师每天要上三到四节课，要从初一教到初三，他有足够的时间与精力同时应对学习与工作吗？有足够的时间与精力同时提高数学知识与教学知识吗？即使让教师把全部精力都投向数学教学，他也不一定能够在学科教学上有所建树，因为教学内容过于宽泛，自然会导致教师教学的肤浅。

　　要提高教师课堂教学的品质，的确需要关注教师个体的专业成长，但如果把教育的发展寄托在教师成为"T"字型人才的设想上，那么教育成功的概率就太低了。打造"T"字型教学人才更为快捷的方式，是让学科教师协作起来，每个人都发挥自己的学科教学优势，并通过教学管理工作的协调，组成一个真正的"T"字型教学人才团队。但是，这个教学人才团队的建设远不像理论阐述的那么容易。

　　在上海城区有一所较有名望的小学，全校有 71 位教师、29 个班级。从 2001 年下学期开始，学校推行协作备课制。协作备课的形式，是每个年级相同学科的教师分担教材的备课任务，然后通过大家对备课内容的共享，达到协作的目的。假设初一年级有 6 位语文教师，初一年级教材教学需要 90 节语文课，那么每位语文教师在寒、暑假时分别承担 15 节备课任务，等到开学时，将每位教师的备课内容用规定格式的协作备课纸复印分发。这种协作备课方式，可以让每位教师在与其他教师分享自己 15 节备课内容的同时，获得其他教师的 75 节备课内容。尽管教师们不能直接使用其他教师的备课内容，但它为自己的课堂教学提供了素材，也为自己提供了另外一种备课思维。偶尔也会有跨年级的协作，即一个年级的教师向上一年级教过此年级的教师借用教案复印。当然免不了会有抄袭的现象，但整体上增强了学校教师的备课能力，降低了教师在备课上的工作强度。

协作备课制度成为建设"T"字型人才团队的标准格式。但是，教育实践中的这种协作备课制度却备受非议。当笔者将这个案例让学校管理者与教师评论时，大家对这个案例的接受度与认可度都是不容乐观的。对这个案例的批驳主要表现在以下几个方面：其一，备课应该是教师个人的事，这种合作备课的方式，会让教师学会偷懒，从而降低教学质量；其二，备课既需要备教材，也需要备学生，而这种协作备课制度，让教师在备教材上协作起来的同时，会忽略对学生的关注；其三，这种协作备课制度，为部分备课作弊的教师提供了条件，正如案例中所言，教师可以借用上一级教师的备课本来交差，这容易打击其他备课教师的积极性。为此，他们普遍建议：第一，组织年级备课组教师在备课前集体讨论教材教学；第二，每位教师要对教材中的所有内容进行备课；第三，教师课后要对自己的备课内容进行反思与优化；第四，对教师课后整理过的备课内容进行评选，并将优秀的备课内容汇编成册，供以后的学科教师学习与采纳。

在理论上，学校管理者与教师们对这种协作备课方案的批判是有道理的，他们提出的备课方案也是更为完善的。但是，当我们对他们的批判与建议进行批判性反思时，不难发现重竞争轻协作、重产出轻成本的思想，在学校管理者与教师的心目中是那么根深蒂固。正是这些根深蒂固的思想，阻碍了教师走向协作，逼着教师个人去走"T"字型人才的不归路。

该小学选择的协作备课方案，目的并不在于评价哪位教师的备课水平高，而在于为其他教师提供更多的备课素材以及备课思维；但学校管理者与教师们提出的备课方案，目的是通过对教师们备课内容的评比，评选出最为优秀的备课内容。很明显，前者以协作为目的，以动态的教学工作为本；后者以竞争为目的，以静态的教学内容为本。虽然后者可以产生优秀的备课内容，为后来的教师提供具有学习意义的备课范本，但却带来了两个难以解决的困难：其一，这种以竞争为导向的备课体制，很容易在备课组内部产生矛盾。在理论上的确可以选出一份最好的备课内容，可在实践中，在同一备课组的三四位教师中，如果非得选出一份最好的备课内容，就得以激发他们间的冲突或者矛盾为代价。其二，也是我们下面要详细分析的，就是后者需要比前者付出多倍的成本，只是这些成本并不外显为物质或者资金，而是教师的时间、精力与智慧。

在协作备课方案中，备课组有几位教师，教师们就可以分享几倍于自己的备课内容；但在竞争型备课方案中，教师们要付出数倍于协作备课方案中的备课时间与精力。虽然竞争型备课方案可以为下一届的教师提供一份优秀的备课内容，但这一届教师是无法享受团队协作优势的。而且，教师不但没有为协作备课方案可以节约教师的备课时间而高兴，反而为这种方案减少了教师工作时间而担忧，似乎只有教师的工作时间才与教学业绩成正比。如果任何减少教师工作时间的方案都令人担忧，那么不但所有协作的方案都不可行，就连更为简捷与高效的教学方案，也会让大家觉得不放心了。其实，真正好的制度，不仅关心教学产出的提高，还关心教学投入的降低。靠教师增加劳动时间来赢得更好的教学业绩，只是事倍功半的策略；靠给教师"减负"来赢得教学业绩，才是事半功倍的策略。后者才是好的制度，才蕴涵着真正的教育智慧。

毫无疑问，协作不但可以降低教师的工作强度，还可以提高教师的工作效率，而且这种工作效率是成倍增长的，比教师个人提高自己的能力有效得多。但是，这种协作要取得功效也不是没有前提的，它的前提是提高学校的管理能力。当我们实施协作备课制时，不可避免地会出现复制上一届备课本，或者从网上下载教案来充数的情况，这为学校管理提出了新的问题，但我们不能用这些新问题去否定这种新型的协作模式，从而让备课机制又回归到个体争胜的年代里。

协作备课制，还只是在学科教师间建立协作体制。如果我们对学校作更为长远的审视，那么，还有更多需要建立协作体制的地方等着我们去开发，比如，上一届年级组与下一届年级组之间的合作问题，同一班级不同学科教师间的合作问题，教研组与年级组之间的合作问题，教导处与德育处之间的合作问题，等等。如果我们用竞争来定位这些组织，它们就成了敌人，尽管这可以激发不同组织的工作斗志，但却降低了整体的工作效率。如果我们用协作来定位这些组织机构，它们就会相互弥补由专业分工带来的缺陷，尽管各组织少了"直面鲜血的机会"，但却在赢得和谐教育生活的同时，提高了学校整体的工作效率。